新时代高校思想政治教育理论与实践研究

高　强　著

延吉·延边大学出版社

图书在版编目（CIP）数据

新时代高校思想政治教育理论与实践研究 / 高强著
. -- 延吉：延边大学出版社, 2023.4
ISBN 978-7-230-04808-8

Ⅰ.①新… Ⅱ.①高… Ⅲ.①高等学校－思想政治教育－研究－中国 Ⅳ.①G641

中国国家版本馆 CIP 数据核字(2023)第 074735 号

新时代高校思想政治教育理论与实践研究

著　　者：	高　强
责任编辑：	张艳春
封面设计：	文合文化
出版发行：	延边大学出版社
地　　址：	吉林省延吉市公园路 977 号　　邮　编：133002
网　　址：	http://www.ydcbs.com　　E-mail：ydcbs@ydcbs.com
电　　话：	0433-2732435　　传　真：0433-2732434
印　　刷：	延边延大兴业数码印务有限责任公司
开　　本：	787 毫米×1092 毫米　1/16
印　　张：	11.75
字　　数：	200 千字
版　　次：	2023年4月第1版
印　　次：	2023年6月第1次印刷
书　　号：	ISBN 978-7-230-04808-8

定　　价：45.00 元

前　言

我们党对思想政治工作历来高度重视，探索形成了一系列基本方针原则和工作遵循。党的二十大报告指出，要办好人民满意的教育，全面贯彻党的教育方针，落实立德树人根本任务。高校立身之本在于立德树人，而思想政治教育是落实高校立德树人根本任务的重要途径。高校要深入准确把握新时代高校思想政治教育的发展理路。

新时代高校思想政治教育要以"四个服务"作为根本指导原则，也就是"为人民服务，为中国共产党治国理政服务，为巩固和发展中国特色社会主义制度服务，为改革开放和社会主义现代化建设服务"。"为人民服务"是高校思想政治教育的根本宗旨。高校思想政治教育一切活动的出发点和落脚点应该放在教育广大师生树立和践行服务大众、造福人民的理念上。"为中国共产党治国理政服务"是高校思想政治教育的责任担当。高校思想政治教育应该为党治国理政做好人才保障和政策宣传工作。"为巩固和发展中国特色社会主义制度服务"是高校思想政治教育的价值立场。我国从历史和实践中探索的中国特色社会主义制度是实现中国式现代化的路径保障，高校思想政治教育应该为中国特色社会主义制度做好阐述和解答工作，为巩固中国特色社会主义制度服务。"为改革开放和社会主义现代化建设服务"是高校思想政治教育的时代要求。高校思想政治教育应该动员和激励更多人才投身新时代建设洪流中。

本书是一部研究新时代高校思想政治教育理论与实践的著作。本书从介绍高校思想政治教育的概念入手，分析了新时代高校思想政治教育代表性理念；探究了高校思想政治教学体系的构建，明确了高校思想政治教育教学的组织、管理与实施；对高校思想政治教育教学的过程进行了分析，研究了高校思想政治的教学本质、基本环节、过程优化，分析了高校思想政治教育的实践教学，并探讨了实践教学的内涵及形式；讨论了高校思想政治教育教学的评价机制，论述了教学评价的理论与具体实践，本书对高校思想政治教育教学方法改革的形式与依据也进行了研究。

本书由王春刚、赵鲜梅、夏晓丽、李晓成、徐丽凯、丁强负责审校工作。

本书对当前高校思想政治教育工作者具有一定的借鉴意义。笔者在撰写本书的过程中参考了大量专家和学者的论著及研究成果，在此深表感谢。由于时间仓促，加之水平有限，故在文中难免会存在一定的错误和缺漏，望广大专家、读者批评和指正。

目 录

第一章 新时代高校思想政治教育概述 ································· 1

    第一节 高校思想政治教育的相关概念与主要内容 ···················· 1

    第二节 新时代高校思想政治教育的特征 ···························· 9

    第三节 新时代高校思想政治教育的内涵与条件 ····················· 18

    第四节 新时代高校思想政治教育的根本目标和基本遵循 ············· 21

第二章 新时代高校思想政治教育理念 ································· 26

    第一节 "三势"和"三因"理念 ································· 26

    第二节 以人为本的教育理念 ····································· 30

    第三节 全面发展的教育理念 ····································· 43

    第四节 高校思想政治教育的创新 ································· 51

第三章 新时代高校思想政治教学体系的构建 ··························· 59

    第一节 新时代高校思想政治理论教学体系的构建 ··················· 59

    第二节 新时代高校思想政治实践教学体系的构建 ··················· 63

    第三节 新时代高校思想政治教学的组织与管理 ····················· 73

    第四节 新时代高校思想政治理论课教学的实施 ····················· 86

第四章 高校思想政治教育教学的过程 ············ 102

第一节 高校思想政治理论课教学过程的概念与本质 ············ 102
第二节 高校思想政治理论课教学的基本环节 ············ 108
第三节 高校思想政治理论课教学过程的优化 ············ 118

第五章 新时代高校思想政治理论课实践教学 ············ 126

第一节 高校思想政治理论课实践教学的基本内涵及形式 ············ 126
第二节 高校思想政治理论课实践教学的重要作用 ············ 132
第三节 新时代高校思想政治理论课实践教学的途径 ············ 135

第六章 高校思想政治教育教学的评价 ············ 139

第一节 高校思想政治教育教学评价概述 ············ 139
第二节 高校思想政治教育教学评价的主客体与实施方法 ············ 144

第七章 高校思想政治理论课教学方法改革 ············ 151

第一节 高校思想政治理论课教学方法现状与改革背景 ············ 151
第二节 高校思想政治理论课教学方法改革的依据与基本原则 ············ 156
第三节 高校思想政治理论课教学方法改革的实践路径与具体策略 ············ 169

参考文献 ············ 180

第一章 新时代高校思想政治教育概述

第一节 高校思想政治教育的相关概念与主要内容

一、思想政治教育与高校思想政治教育的概念

2017年，习近平总书记在党的十九大报告中指出："经过长期努力，中国特色社会主义进入了新时代，这是我国发展新的历史方位。"以习近平同志为核心的党中央高度重视教育事业在坚持和发展中国特色社会主义战略全局中的地位与作用。在习近平总书记关于教育的重要论述中，思想政治教育是一个极为重要的主题。立德树人是教育的根本任务，我国教育肩负着培养德、智、体、美、劳全面发展的社会主义建设者和接班人的重大任务，必须坚持正确的政治方向，这就离不开思想政治教育工作。从根本上说，思想政治教育是做人的工作的，其关系到培养什么人、怎样培养人以及为谁培养人这个根本问题。新时代高校思想政治教育，面临新的环境和特点。习近平总书记提出的"两个大局"，即"中华民族伟大复兴战略全局和世界百年未有之大变局"。"两个大局"是当前思想政治教育的时代背景。在全面建成小康社会后，开启全面建设社会主义现代化国家新征程、逐渐走向世界舞台中央的中国，在推进国家治理现代化的过程中，构筑中国精神、中国价值。

要做好新时代高校思想政治教育工作，首先应明确思想政治教育的概念及内涵。

思想政治教育是指社会或社会群体用一定的思想观念、政治观点、道德规范，对其成员施加有目的、有计划、有组织的影响，并促使其自主接受这种影响，从而形成符合一定社会、一定阶级所需要的思想品德的社会实践活动。

高校思想政治教育是围绕培养中国特色社会主义合格建设者和可靠接班人应具有的正确政治观、法治观与道德观而进行的理论及实践的教化活动，以促进高校学生树立正确的政治观、法治观和道德观，以及具有良好的品行和情操。这是高校思想政治教育的内涵。

二、高校思想政治教育的实施者、接受者及其关系

高校作为思想文化建设和人才培养的重要场所，在国家经济社会发展全局中居于重要地位，高校思想政治教育工作更是高校建设的生命线。因此，界定高校思想政治教育的实施者和接受者，概括其特征、职责与作用，进而探讨高校思想政治教育工作的途径和方法，是高校思想政治教育工作的基础内容之一。

（一）高校思想政治教育的实施者

从事高校思想政治教育工作的教师和相关人员是高校思想政治教育的实施者，其职责是从事高校思想政治教育工作，塑造高校学生的人格和培养高校学生的科学思维。在思想政治教育过程中，高校思想政治教育的实施者处于矛盾的主要方面，占主导地位，发挥主导作用。高校思想政治教育的实施者必须根据社会要求的思想体系、政治观念和社会道德规范对受教育者进行思想政治教育。思想教育工作能否顺利进行并达到预期的目的，很大程度上取决于受教育者能否发挥积极性、主动性，而积极性、主动性的发挥又取决于高校思想政治教育的实施者的积极引导和努力激发，以及科学调动。所以，思想政治教育的过程就是教师积极引导、努力激发和科学调动高校学生在教育过程中的主动性、积极性，并由此达到教育的目的的过程。

作为高校思想政治教育主体的教师要想达到教育的目的和结果，就必须通过努力学习，不断提高自身的政治素质和思想素质，积极参与科研活动，不断提高政治理论水平；转换脑筋、更新观念，树立市场观念、竞争观念、效益观念和开拓创新观念。同时，教师还应该掌握高校学生的一些主要特征，即应该把掌握高校学生的思想特征作为高校思想政治教育的切入点，帮助高校学生逐渐掌握自我评价的标准，形成积极、主动的自我教育能力，使其主动性、积极性得到充分发挥，并将正确的信念和正确的行为动机付诸实践。只有这样，高校思想政治教育才真正达到目的。

（二）高校思想政治教育的接受者

高校思想政治教育的接受者是指在高校思想政治教育中，接受思想政治教育的高校学生。高校思想政治教育的接受者也就是学习主体，学习主体能动学习的过程，是在一定的引导下学习主体的自我教育过程，这一过程在某种意义上是受教育者自身的思想矛盾运动的过程。因为，高校学生所受的教育和影响，既具有教育者所施加的正面的、积极的影响，又有社会上消极的、负面的影响。所以，对于高校学生来说思想政治教育是一个充满积极与消极、干扰与抗干扰的复杂的、矛盾的过程。

高校学生作为思想政治教育的接受者一般具有以下特征：

1.社会性

高校学生思想源于社会，社会上的一切重大变化、现象和影响都会在高校学生身上表现出来。

2.能动性

高校学生是最富有主观能动性和积极创造性活力的群体，他们对思想政治教育具有主动的选择意向，这体现了他们独具个性的自我认知状态。

3.可变性

高校学生是一群从生理到心理正在趋向成熟的群体，特别是其在心理上、思想上的可塑性更大。

（三）高校思想政治教育中的实施者和接受者的关系

高校学生在接受思想政治教育时往往从自己的主观要求出发，这种主观要求是充满矛盾的，所以思想政治教育要具有针对性和实效性，教育者必须了解和掌握高校学生的思想特征和高校学生身上所反映的社会思潮。

高校思想政治教育中的实施者的主体地位和主导作用是肯定的，接受者的客体地位和服从的角色也是明确的。但是，如果把这一点绝对化，把教育的实施者和接受者对立起来，这对思想政治教育工作是有害的。过分强调实施者的权威性，虽然能够确立较完整的和较系统的思想政治教育内容，但是因为教育的实施者被当作教育的绝对中心，而高校学生则是处于服从或被动的地位，这必然导致高校学生学习的积极性、主动性不高，阻碍高校学生对思想政治教育的内容的认同和内化，无法达到思想政治教育的效果。相反，如果过度强调教育接受者的主体地位，虽然能够发挥教育接受者的主观能动性，充分发挥其自我意识、自我评价、自我分析以及自我选择的能力，但思想政治教育中的实施者会被动地跟在接受者后面，这导致高校学生的自我意识的膨胀，在不良因素的影响下出现忽视甚至否定思想政治教育及其导向作用的情况。

思想政治教育和其他教育一样，是一个师生交流的过程；或者说是一个教育实施者与接受者的双向的、互动的过程。肯定教育实施者在教育过程中的主导地位，但绝不能否定教育接受者的主观能动性。事实上，教育接受者的积极性、主动性和创造性正是构成了教育实施者主导地位的一个侧面。因为，教育实施者的主导地位必须建立在教育接受者的主观能动性的充分发挥的基础上；同时，教育实施者主导作用的实现能够促进教育接受者充分发挥主观能动性。教育实施者的主导作用的目的在于促使教育接受者的学习是有效的学习，这就必须以调动和发挥教育接受者的积极性、主动性与创造性为前提，要实现这一目标，目前最有效的方法之一就是将教育的实施者与接受者的角色互换，把教育的实施者的积极教育过程与教育接受者的能动受教育过程融为一体，使其成为一个统一的过程。

教育的实施者与接受者的角色转换，具体来说就是在一定条件下，当涉及社会某些敏感问题和热点问题时，高校学生的角色可以转换为教师角色，在课堂上由学生主讲，以学生独特的感受和理解对这些问题进行分析和说明；或者教师创设有冲突、有矛盾的"情感场合"，引导学生自觉地进行是非选择；与此同时，教师的角色则转换为学生角色，并以学生的身份了解、接受或学习学生对社会问题的分析和讲解。

在思想政治教育实践中，"角色转换"方法非常有效：它一方面缩短了师生的心理距离，增强了高校学生的对思想政治教育认可程度和对教师的信任，又避免因"满堂灌"造成的学生反感的状态，提升了学生参与思想政治教育的积极性，从而激发了学生的学习主动性。对于教师来说，最大的收益就是在第一时间、直接获取了大量的反馈信息，这样教师可以及时掌握高校学生思想动态和认识问题、分析问题的原则，从而有利于调整教育教学内容；另一方面，这种方法鼓励了高校学生提高自己的认知能力和充分发挥主观能动性，对学生的正确选择予以肯定，引导学生摆脱思想的偏差、走出认识的误区，培养学生结合实际理性思考问题的能力，消除学生意识中存在的主观性和情绪性。思想政治教育是为经济建设服务的、为社会发展服务的，因此新时代高校思想政治教育应当围绕培养学生的素质而开展，应当准确把握学生的思想特点，舍弃简单、空洞的"说教式"教育，变单一的灌输式的"教"

为师生双向互动式的交流，提高高校思想政治教育的针对性和实效性。

三、高校思想政治教育的主要内容和任务

（一）高校思想政治教育的主要内容

根据《中华人民共和国教育法》规定，国家在受教育者中进行爱国主义、集体主义、社会主义的教育，进行理想、道德、纪律、法治、国防和民族团结的教育。教育应当继承和弘扬中华民族优秀的历史文化传统，吸收人类文明发展的一切优秀成果。这些是思想政治教育的主要内容，也是我国各高校思想政治教育的基本内容。其中每一项内容又可具体分为多项内容。具体有以下几点：

1. 爱国主义教育

爱国主义教育包括中华民族悠久历史教育和优秀传统文化教育，党的基本路线和社会主义现代化建设成就教育，中国国情教育，社会主义民主和法制教育，"和平统一、一国两制"的方针教育。

2. 集体主义教育

集体主义教育包括尊重、关心、理解他人，集体成员之间团结协作的教育；为集体服务，维护集体荣誉的教育；关心社会，为家乡、社会的公益事业贡献力量的教育；正确处理个人与集体、国家利益关系的教育；以集体主义为导向的人生价值观的教育。

3. 理想教育

理想教育包括人生理想教育、道德理想教育、职业理想教育和社会理想教育。理想教育的核心就是培养学生树立献身社会主义现代化建设事业和坚定信念。理想教育应当和世界观、人生观教育结合起来，和科学信仰教育结合起来，使高校学生在社会、人生、事业等方面树立正确的理想与奋斗目标。

4. 道德教育

道德教育包括中华民族优良传统道德教育；社会公德教育和道德评判能力的培养；社会主义道德教育、职业道德和环境道德教育。

5. 纪律与法治教育

纪律与法治教育包括宪法及有关法律常识和法规的教育；知法守法，维护社会

稳定，运用法律武器自我保护和抵制违法乱纪行为的教育。高校要让学生树立起社会主义民主法治观念，教育学生自觉遵纪守法、勇于同违法现象作斗争，服从国家和集体的统一意志并具有高度的组织性和纪律性。

6.国防教育

国防教育包括国防意识和国家安全意识的教育；捍卫祖国独立、维护国家主权和领土完整的教育；军民团结教育和对普通高校在校生进行基本军事训练。提高学生的国防意识和国家安全意识，使他们初步具备基本的军事素质和技能，自觉地捍卫祖国的尊严、独立和统一。

7.民族团结教育

民族团结教育包括树立马克思主义的民族观、宗教观的教育；党的民族政策和宗教政策的教育；民族团结历史的教育。要让高校学生了解我国的民族团结政策和宗教政策，树立各民族一律平等的思想，自觉维护民族团结和祖国统一。

中华民族具有五千年悠久的历史和灿烂的文化，因此，在高校思想政治教育活动中要始终坚持把那些世代相传、长期积淀下来的优秀历史文化传统继承、弘扬下去。同时，要努力吸收人类文明发展的一切成果，凡是对我国经济和社会发展有积极作用的外来文化，特别是先进的科学技术，具有普遍适用性的经济管理和其他管理经验，先进的教育思想和教育方法，优秀的文学艺术、文化思想以及文明健康的生活方式与生活习惯等等，都应该积极地予以吸收。

（二）高校思想政治教育的主要任务

随着中国特色社会主义进入新时代，我国高校思想政治教育工作的主要任务包括对高校学生进行理想信念教育、爱国主义教育和道德观念教育。

1.对高校学生进行理想信念教育

理想信念教育是思想政治教育工作的核心内容，因此加强理想信念教育是全面建设社会主义现代化国家的必然要求。在中国特色社会主义新时代，加强理想信念教育首先就是要切实抓好科学理论武装工作。马列主义、毛泽东思想、邓小平理论、"三个代表"重要思想、科学发展观和习近平新时代中国特色社会主义思想是指导中国人民顺利进行社会主义现代化建设的科学理论，是实现中华民族伟大复兴的强大思想武器和坚强精神支柱，是统一全党、全国人民意志的坚实思想基础。只有用马列主义、毛泽东思想、邓小平理论和"三个代表"重要思想、科学发展观和习近平新时代中国特色社会主义思想武装师生，才能引导他们不断地解放思想、实事求是、与时俱进，正确认识中国共产党执政规律、社会主义建设规律和人类社会发展规律，正确认识国家的前途和命运，澄清在社会主义问题上的错误观点和模糊认识，从而坚定全面建设社会主义现代化国家的理想信念。

高校师生员工树立正确的世界观、人生观和价值观。理想信念与世界观、人生观、价值观紧密相连。崇高的理想信念，归根结底来自科学的世界观、人生观、价值观。马克思主义的辩证唯物主义和历史唯物主义是指导人们观察和认识世界的科学世界观，这一科学世界观给人们指出了观察世界、认识历史发展的正确方法，得出了资本主义必然灭亡，社会主义必然胜利的科学结论；全心全意为人民服务是高校师生应当奉行的正确人生观，这一人生观指明了人们应如何正确对待生死、荣辱、顺逆、得失、苦乐和贫富的关系，使他们在人生道路上沿着正确的方向前进；以个人利益和集体利益相结合、集体利益高于个人利益为原则的价值观，使人们懂得了集体利益高于个人利益的客观必要性，这有利于正确处理个人与他人和个人与社会、集体、国家的关系。

2.对高校学生进行爱国主义教育

以爱国主义教育为重点，深入进行弘扬和培育民族精神教育，主要解决确立国家和民族意识的问题，在高校学生中形成民族精神和时代精神相结合的精神状态。

牢固树立爱国主义思想，是高校学生能够坚定不移、百折不挠地为祖国、为人民贡献智慧和力量的重要思想基础。高校是弘扬和培育民族精神教育的重要阵地，所有教师都应深入发掘蕴涵在各类课程中的民族精神和时代精神教育资源，把弘扬和培育民族精神、时代精神融入知识传授之中，渗透到校园文化之中。要在高校学生中大力弘扬以爱国主义为核心的团结统一、爱好和平、勤劳勇敢、自强不息的伟大民族精神，倡导一切有利于民族团结、祖国统一、人心凝聚、社会和谐的思想和精神，倡导一切有利于国家富强、人民幸福的思想和精神，引导高校学生增强民族自尊心、自信心、自豪感，做到以热爱祖国、贡献全部力量建设社会主义祖国为最大光荣，以损害社会主义祖国利益、尊严和荣誉为最大耻辱。

激励高校学生弘扬以改革创新为核心的时代精神。以改革创新为核心的时代精神是实现中华民族伟大复兴的不竭动力。当代民族精神就是时代精神，高校要深入开展中华民族优良传统和中国革命传统教育，使高校学生了解中国共产党在领导中国人民建立和建设新中国的奋斗中表现出来的革命气概，懂得中国共产党是民族精神的继承者和创造者。高校要把民族精神教育和以改革开放为核心的时代精神教育结合起来,引导高校学生在全面建设社会主义现代化国家的伟大实践中,既大力弘扬民族优秀传统,又大力弘扬革命传统和时代精神,努力使中华民族优良传统、中国革命传统和改革开放的时代精神深入人心。

3.对高校学生进行道德观念教育

道德是调整人与人、人与社会之间关系的行为准则,是人们关于善良与邪恶、公正与偏私的观念、原则和规范的总和。道德属于意识形态范畴,其产生和发展受到生产力水平制约,然而它一旦产生,就具有相对独立性,对社会生产力的发展具有反作用。就其本质而言,道德是人们在一定历史条件下为维护自身生活,实现人生价值,完善人的本质,协调或消解人性内在及外在矛盾所形成的,通过内心信念、评价态度、行为规范、公众原则等方式起作用的"观念—行为"系统。道德活动,是人类文化活动的一部分,它所担负的历史使命与人类文化活动的根本目的和内在精神是一致的。同时,道德的性质及其作用,主要取决于人类文化在历史中所呈现的整体性质,取决于构成文化整体的其他部分发展的历史水平。

道德具有阶级性、时代性、民族性和传承性的特点。在我国社会主义现代化建设的新时期,必须在全社会、全体人民中牢固树立起以集体主义为核心,坚持国家、集体、个人三者利益相统一的,为人民服务,艰苦奋斗、吃苦在前、享受在后的社会主义道德观。我国高校加强社会主义道德教育要注意把握好以下几点:

(1)正确把握高校道德建设的出发点。在社会主义市场经济条件下,作为高校校园文化建设重要内容的思想道德建设应符合社会主义市场经济体制这一社会现实,以马克思主义为指导,结合社会主义发展的实践,构建起科学和系统的适合现代校园文化和道德建设的体系。这一体系在注重统一性的同时,应当体现多样化、多层次,实现先进性和广泛性的统一。

(2)注意高校道德实践的差异性。由于高校学科和专业设置不同,表现出的文化内容有所侧重,民主、道德、生活实践层面上也显示出差异性。在构建具有科学性、开放性、时代性的校园精神文化体系时,应注意循序渐进,"因校制宜",充分认识其建设的复杂性和长期性。

(3)正确把握高校思想道德建设的落脚点。高校必须把思想道德建设的落脚点放到追求知识、崇尚科学的宗旨上来,落实到培养人的整体素质和促进人才的全面发展上来;要把社会主义的政治素质、道德素质和科学文化素质作为一个整体来考虑，加强师生在观念、信仰、道德等层面的建设，促进他们在道德方面向内探求，引导他们对科学文化知识的探索，使他们做到知行统一，内外一致，在追求个体完美的同时，追求社会至善。

4.对高校学生进行行为养成教育

高校在加强对高校学生的思想政治教育过程中，一定要重视对他们进行行为规范的养成教育，从具体行为习惯的养成抓起，从一点一滴抓起，努力培养他们的文明行为和道德规范。严格校规校纪，加强良好校风学风建设，把传授知识同陶冶情操、养成良好的行为习惯结合起来，把个人成才同国家前途、社会需要结合起来，形成热爱祖国、关心集体、尊敬师长、勤奋好学、团结互助、遵纪守法的风气。同时，要坚持教育同生产劳动相结合的方针，积极组织学生参加生产劳动和社会实践，帮助他们认识社会，了解国情，增强建设祖国、振兴中华的责任感。加强高校学生的思想政治教育是一项社会性的系统工程，只有动员社会各方面力量共同努力才能做好这一工作。教师在学生思想政治教育中发挥着关键的作用，因此教师要认真履行教书育人的职责，言传身教，为人师表，引导学生德智体美全面发展。学校要主动同社会和学生家长密切合作，互为补充，形成教育合力。要充分发挥共青团、学生会等社群组织团结和引导高校学生共同进步的作用。

第二节　新时代高校思想政治教育的特征

习近平总书记指出，要坚持把立德树人作为中心环节，把思想政治工作贯穿教育教学全过程，实现全程育人、全方位育人，努力开创我国高等教育事业发展新局面。高校思想政治教育工作是落实党和国家的教育方针、适应时代发展需求、实现思想政治教育目标的重要理念和重要方式。在改革开放日益深入的背景下，社会出现许多新的变化，高校学生的思想行为随之发生着相应的变化，在他们身上反映出许多新的特质和现象。高校思想教育工作者，能够正确认识教育对象和教育环境，及时准确地把握高校学生的思想动态，了解当前高校思想政治队伍建设的新时代背景，更新思想政治教育工作理念，就显得尤为紧重要。高校思想政治教育的特征，具体有以下几点：

一、新时代高校思想政治教育的环境特征

高校学生思想政治教育接受过程是思想政治教育环境、接受客体、实施主体三者耦合互动的过程，如果三个要素相互匹配，就会促进或增强教育效果；反之，如果三个要素相互掣肘，或者一两个要素的思想政治教育环境相对不足，那么会阻碍或削弱教育效果。下文分别从社会环境、文化环境以及国际环境分析高校思想政治教育的环境特征。

（一）社会环境特征

目前我国正处在全面建成社会主义现代化强国的阶段。随着教育事业的不断发展，我国的教育机制发生了一定的变化，而且当代学生的个性较为鲜明，思想活跃，所以其思想观念以及价值观念的形成会在一定程度上受到社会环境的影响。具体来说，高校思想政治教育的社会环境有以下几点特征：

1. 社会性特征

社会环境在一定程度上会反映出特定人群利益需求，其流行的范围广、影响力大，因此在社会环境形成的过程中，会受到社会经济、文化等内容的影响，通过对社会本质需求的强化，呈现出对人们未来生活的期望，而且在社会性特点分析的过程中可以发展，顺应时代发展的社会环境会推动社会的进步，违背社会环境的社会文化则会对社会的发展造成消极的影响。

2. 群体性特征

社会环境具有一定的群体性特征，当某一特定的社会思潮出现时，其传播的方式以及发展的模式都会将社会群体作为载体，因此特定的社会群体性是社会环境构建的必然条件。例如，在文化传播的过程中，通过不同时期、不同群体的传播可以使社会文化内容得到人们的支持，从而为社会思潮文化的形成奠定良好的基础。

（二）文化环境特征

高校思想政治教育文化环境是建立在思想政治教育文化环境的概念基础上，它是高校思想政治教育所面对的外部客观存在，是社会文化环境的一个重要组成部分。高校思想政治教育文化环境包括物质文化环境、精神文化环境、制度文化环境和行为文化环境。高校思想政治教育文化环境的特征有以下几点：

第一，多元化特征。随着我国改革开放进一步深入，不可避免地出现多元文化现象，高校学生的文化需求也随之多样化。第二，潜隐式特征。高校精神文化环境具有潜隐式特征，其能培养和激发学生的想象力和创造力。第三，非强制性特征。它还是通过设计形成特定的文化环境和营造良好的文化氛围，使高校学生的思想和心灵、情感和生活得到净化和陶冶，促进高校学生实现人的全面发展。

（三）国际环境特征

新时代高校思想政治教育的国际环境特征主要体现在国际化和全球化大大加深。

随着改革开放不断深入，高等教育融入国际化进程日益加深，国际化已成为当代高校学生思想政治教育面临发展趋势。一方面，留学国外的学生数量与日俱增；另一方面，随着中国综合国力的日益提升和国际影响力的不断增强，近年来，来华留学生的数量也大大增加。高等教育机构、高等教育科研、高等教育课程、高等教育服务也日益走向开放和多元，国际化成为中国高等教育改革和发展的大趋势，也成为当代高校学生思想政治教育的鲜明时代特征。具体有以下几个方面：

首先，国际化使高校思想政治教育面临一个崭新的教育环境。国际化打破了教育的国界、民族地域以及时空限制，摆脱了过去相对狭隘和封闭的教育环境，创造了一个全新的在更高、更广、更深层面的交流、合作与发展条件的平台，从而使高校思想政治教育的环境从封闭走向开放、从传统走向现代、从单一走向多维。其次，国际化使高校思想政治教育面对着复杂的教育对象。在国际化背景下，不同文化、不同价值观念、不同意识形态汇聚一堂，相互碰撞，学生拥有更多的选择权，其思想更加自由，观念更加开放，高校思想政治教育面对的是有着不同文化背景、不同价值观念的学生，教育对象更加复杂化和多元化。再次，国际化赋予高校思想政治教育新的教育使命。国际化赋予高校人才培养使命以新的内涵。推进高等教育国际化，培养造就大批高层次、高素质的国际化人才已经成为各国高等教育的一项重要战略任务。因此，对于中国高等教育而言，高校思想政治教育肩负着双重使命，既要培养出"又红又专"、德才兼备、全面发展的中国特色社会主义合格建设者和可靠接班人，又要培养出"具有国际视野、能够有效参与国际竞争与合作的高素质人才"。

二、新时代高校思想政治教育的对象特征

习近平总书记在党的十九大报告中提出"青年兴则国家兴，青年强则国家强"。青年一代有理想、有本领、有担当，国家就有前途，民族就有希望。高校学生是实现中华民族伟大复兴的中坚力量。思想政治教育要想取得良好的效果，必须有的放矢，充分了解教育对象。具体来说，新时代高校思想政治教育对象特征主要有思想特征、行为特征和生长规律特征等。

（一）新时代高校学生的思想特征

新时代高校学生的思想特征主要有以下几个方面：

1. 政治热情高，但鉴别能力弱

新时代的高校学生大多出生于2000年前后，生长在改革开放深入推进和扩大的环境中，受到外部世界发展的影响较深，其思想呈现较为开放的特点。新时代高校学生更崇尚创新精神与探索精神，具体表现在容易接受新事物、新思想、新观念。据学者调查了解，大多数高校学生对中国新时代的新目标、新使命、新理论均有所了解，并表示高度认可，有着较高的政治热情。但他们依旧缺乏对中国国情和民情的系统认识和深入了解，对各类社会问题的认识还较为片面、表面，缺乏一定的鉴别能力，容易被社会评价与舆论所影响。因而，他们缺乏在政治事件上的主观判断，存在一定的跟风行为，致使其政治态度、政治立场、政治行为均存在一定程度上的盲目性。

2. 生活追求高，但理想信念差

新时代高校学生生活在互联网高度发达的新媒体时代，他们对各种社会思潮和科学前沿有较多的接触和了解，加之思想观念的开放自主，他们对很多事情都采取积极进取的态度，有着较为正面的人生观和价值观。同时，他们受到父母期望高、就业形势严峻、社会竞争大等各种因素的影响，有着前所未有的压力。他们在这样

的内部及外部情况下,深刻明白只有通过不断实践才可以锻炼自己的能力。但他们拥有远大理想的同时,却缺乏对未来发展目标的清晰认识和理性规划,不愿意对其做更深层次的考虑,因而,他们很少将计划付诸实际行动。这种反差使得他们处于一边对未来发展情况感到紧张,又一边享受当下放松状态的矛盾中,从而使得"焦虑"成为当代高校学生普遍生活状态的真实写照。

3.独立意识强,但交往能力弱

新时代高校学生多为独生子女,从小受到来自家庭的较多关注与关爱。在这种正面教育的引导下,当代高校学生往往富有自信,喜欢展现自己的思想。同时,随着社会大环境中思想的不断解放和对青年一代自主意识觉醒的鼓励,当代高校学生更注重自身价值的实现。但在他们独立性强、自我意识高的背后,也存在一些人际交往上的问题。在他们身上会普遍出现一切以自我为中心的现象,具有浓厚的利己思想和行为,缺乏对他人应有的尊重与宽容,集体主义观念淡化。据调查结果显示,近50%的学生遇到困难都会自己独立地去寻求解决的途径,甚至有部分学生明确表示,在日常学习中相比于小组合作的形式,更倾向于自主探究解决问题;约70%的学生和室友因为生活琐事而发生过争执。这表明还是因为他们并不知道该以怎样的方式表达自身情感。

4.自尊程度高,但抗挫折能力差

当代高校学生生活在经济高速发展的社会环境和备受呵护的家庭环境中,有着良好的生活条件,日常所需大多被满足,在重重保护下受到的挫折较少,使得当代高校学生会不自觉地形成一种优越感,并往往以高度自尊的方式表现出来。但他们外表看起来勇敢坚强,实则内心敏感脆弱,抗挫折能力较差,这一点在他们迈入较为自由的高校生活后更为明显。

(二)新时代高校学生的行为特征

1.学习方面具有独立性、自主性和探索性

新时代高校学生在学习方面具有足够的独立性、自主性和探索性。独立性主要是课前预习和课后复习,并且更多的是要在课下独立学习,学生每学期阶段性测试的结果就体现了其独立学习的能力高低。学习的自主性就主要体现在高校中的课程很多是根据学生自己的兴趣选报的,也可以有选择地旁听学习,想要学到更多的知识就要求学生有很强的自主性,因此探索性强的学生更有想法,更有能力胜任自己的工作。

2.对网络的利用与依赖

据调查，大多数高校学生对网络的利用是合理的，更多的学生认为网络对现如今的生活是利大于弊的，可以通过网络获取学习资料、开阔眼界，这说明高校学生对于网络的总体把握比较强，他们通过网络便利了生活，网购或创业。但也有少数学生，沉迷网络世界无法自拔。

3.努力实现自我价值

当今高校学生在择业就业方面竞争激烈，社会对学生的要求越来越高，因此给毕业生择业就业带来了很大的挑战。高校学生努力实现自我价值具体有以下几点表现：

（1）当今社会经济发展迅速，越来越多的高校学生选择自己创业。创业可以让许多有思想、有想法的高校学生实现自我价值，激发自身潜力，从而创造出更大的社会价值。

（2）毕业生在就业选择上更加注重福利待遇的好坏，薪资的高低。随着社会经济的发展，人们消费水平的提高，高校学生在选择工作时往往倾向于薪金高、待遇好的工作。

（三）新时代高校学生的身心发展特征

1.生理发展特征

（1）形体特征

低年级高校学生已经经历了人生最后一个生长发育的高峰期，其身体、体重、胸围、肩宽、头围、骨盆等外部形态已逐渐进入缓慢发展阶段；体格体型等已近似成年人，骨骼已基本骨化并坚固。

（2）神经系统特点

高校学生正处在脑细胞建立联系的上升期，经过教学训练，特别是专业学习，皮层细胞活动迅速增加，神经元联系扩大，大脑皮层活动的数量增加，大脑发育逐渐成熟。

（3）性机能日趋成熟

青春期是个体生理发展的第二次比较大的飞跃，个体的形体和神经系统高速发展的同时，更重要的是性器官和性机能的逐渐成熟和完善，这时，男、女都出现了比较明显的性别特征。在这一时期，无论男性、女性都开始对异性产生好奇、爱慕、关注和吸引的情感。

2.当代高校学生的心理发展特征

（1）具有强烈的自我意识，但还不成熟

自我意识是指人对于自己和自己与他人及社会关系的认识。高校学生正处在社会化的末期，他们希望自己的聪明才智能够得到社会和他人的承认和关注，不喜欢别人指手画脚、干涉、指责，或者继续把他们当未成年人对待，这种表现是高校学生自我意识进一步增强的反映。由于自身社会生活的知识、能力和经验等的不足，他们对事物的认识，表现出一定的片面性和幼稚性，往往具有幻想的色彩，不能十分切合实际。

（2）抽象思维发展但较主观和片面

抽象思维是人们在认识活动中运用概念、判断、推理等思维形式，对客观现实进行间接地、概括地反映的过程，属于理性认识阶段。高校学生经过12年的学校教育，知识越来越丰富，抽象思维获得迅速的发展。这主要表现在多数高校学生在思考和解决问题时，能够辩证地对待周围的一切，不会轻易去盲从别人的意见。但是，由于高校学生社会阅历浅、生活经验少，抽象思维的背后缺少现实的支撑，还带有一定的片面性。主要表现在，比较固执、感情用事、爱冲动、比较偏激和过分自信。

（3）情感丰富但情绪波动较大

高校学生自身生理、心理方面已经基本成熟，充满青春活力，高校学生的在大学的学业压力不是很大，所以他们有更多的时间去与人交往，其情感体验日益丰富、发展完善，同时，由于许多高校学生是离家在外，真正地开始独立地生活，这让他们更加深刻地体会到对父母的感情和对同学、朋友的珍惜之情，情感体验更为丰富。另外，高校学生恋爱不再受家长、学校的阻碍，所以很多高校学生开始追逐爱情，爱情的出现对高校学生的心理发展发生着巨大影响。虽然高校学生控制情绪的能力也在不断提高，但如果受到较强烈的刺激，他们往往不太容易控制自己的情绪，情绪波动较大。

（4）意志水平提高但不稳定

多数高校学生能逐步自觉地确定自己的奋斗目标，有时间的紧迫感，并能够根据自己的目标制订计划，排除困难去努力实现奋斗目标。独立的生活、自由的学习环境锻炼了高校学生的意志力。但是其意志水平发展又是不稳定的，这主要表现在高校学生有时候还不能形成良好的行为习惯，想的和做的不能达成一致，在作一些比较重要的决定时优柔寡断，特别需要师长的意见。

三、新时代高校思想政治教育的创新性特征

高校思想政治教育创新源于适应国家的需要、学校发展的需求，以及广大教育工作者丰富的发展的需求等，即满足社会发展需要和人的发展需要。对其进行细分，可以分为国家的需要、政党的需要、民族发展的需要、群体发展的需要，以及人的全面发展的需要等。这些不同社会主体的需要之间存在着一致性，但也存在着非一致性。于是适应这些不同主体的需要就会面临着一系列困境。解决这些需求冲突及由此引发的矛盾，成为高校思想政治教育创新的内在动力。由于过去思想政治教育对学生的需要重视不够，从而导致部分学生出现逆反心理。为了解决这一问题，高校思想政治教育认真贯彻"以人为本"的理念，从内容到形式各方面都有不少创新。

思想政治教育的实效性不强要求创新。随着改革开放的不断深入，各种思潮在社会上不断出现，出现多元化价值观。西方一些腐朽的观念严重扰乱了部分高校学生的思想。这反映到高校思想政治教育上的主要表现是教育实效性不强。因此，高校思想政治教育坚持在思想政治理论教育课程建设、拓展高校学生思想政治教育的有效途径、发挥党团组织在高校学生思想政治教育方面的重要作用，以及加强高校学生思想政治教育工作队伍等方面推动改革创新，已取得令人欣喜的成绩。

社会比较激励创新，其主要指通过比较、解读与分析国内外有关社会意识形态运作、信息传播、学生事务管理与服务、隐蔽课程设置等理论与实务运作的经验教训，寻找和明确改进高校工作的思路和着力方向，激发出相应改革创新的动力。高校思想政治教育创新性特征有如下两个方面：

（一）创新具有一定的周期性

创新是人们的一定能量积累到一定时刻的表现，而能量积累总是需要一定的时期和条件。同时，个体还存在着创造力衰竭的现象，这一经验在个体身上表现得比较充分，但有时在群体与组织方面也存在着同样的现象，"集体无意识"可以看作是对这种经验的间接描述。尽管个体之间的创新特征可能大相径庭，而群体或组织的创新与个体的创新更不能简单类比，但人们不能忽视群体和组织也可能存在着创新的周期性问题。

创新的周期性的表现，不能简单用时间的视域表征，并且精确到多少年一个周

期的程度。如果从创新体系的三大方面的分类看，创新，特别是引进消化吸收再创新这个过程随时都在不断出现。但如果从综合创新的角度看，这种创新则可能表现出一定的周期性，这种周期性既受到社会意识形态创新大格局的制约，又受到从业人员的创新能力的制约，因为个体的创新能力不是一个常量，有人可能是早发，有人可能是后发。

（二）高校思想政治教育创新具有多样性和延展性

如上所述，高校思想政治教育的创新是丰富多彩的，在不同时间有不同的创新内容与形式相统一的表现。这种创新的多样性可依不同的分类标准作不同的归类。例如，可根据创新主体分个体创新和集体创新，根据创新的影响力分本义性创新和延展性创新等等。这里主要关注高校思想政治教育的延展性创新。所谓的延展性创新是指某种创新具有巨大联动效能，从而带动其他一系列创新活动的发生及发展，这种创新通常居于创新活动链的高端或创新活动系统的中心。至于这种延展性创新的表现，可以体现在理论创新、制度创新、体制创新、技术创新和管理创新等方面。正如马克思在分析资本主义劳动过程和价值增值过程时，曾经认为"资本的伟大的历史方向就是创造这种剩余劳动"，资本"是发展社会生产力的重要的关系"，也可以说，资产阶级创造出资本运作方式，这种资本运作方式又衍生出许多新的事物，不仅有剩余劳动，有严格纪律、致富欲望、普遍的勤劳、节约劳动时间以及普遍财产等，而且创造出丰富复杂的社会关系。同样道理，高校思想政治教育也存在着延展性创新，其联动效应正在逐步显现，如近些年的思想政治教育学科建设除了自身能量的不断增强外，对思想政治教育的实务工作正产生越来越明显的推进作用，而实务工作的进展又反过来促进理论研究的深入。

第三节　新时代高校思想政治教育的内涵与条件

一、新时代高校思想政治教育的内涵

（一）新时代形成高校思想政治教育的新特征

党的十九大作出了"中国特色社会主义进入了新时代"的重大政治论断，这不仅是对党的十八大以来"极不平凡"的发展历程及其巨大成就的理论升华，也是对党的十八大到党的十九大五年间发生的"历史性变革"，改革开放 40 年来中国特色社会主义历史发展的准确把握。党的十九大报告指出，中国特色社会主义进入新时代，"意味着近代以来久经磨难的中华民族迎来了从站起来、富起来到强起来的伟大飞跃，迎来了实现中华民族伟大复兴的光明前景；意味着科学社会主义在二十一世纪的中国焕发出强大生机活力，在世界上高高举起了中国特色社会主义伟大旗帜；意味着中国特色社会主义道路、理论、制度、文化不断发展，拓展了发展中国家走向现代化的途径，给世界上那些既希望加快发展又希望保持自身独立性的国家和民族提供了全新选择，为解决人类问题贡献了中国智慧和中国方案"，同时，党的十九大报告还指出"这个新时代，是承前启后、继往开来、在新的历史条件下继续夺取中国特色社会主义伟大胜利的时代，是决胜全面建成小康社会、进而全面建成社会主义现代化强国的时代，是全国各族人民团结奋斗、不断创造美好生活、逐步实现全体人民共同富裕的时代，是全体中华儿女勠力同心、奋力实现中华民族伟大复兴中国梦的时代，是我国日益走近世界舞台中央、不断为人类作出更大贡献的时代"，即新时代历史方位的"三个意味着"和新时代五个特征。新时代历史方位的"三个意味着"和新时代五个特征的科学结论，是从历史和现实、理论和实践、国内和国际结合上思考，是从我国社会发展的历史方位上探索，也是从党和国家事业发展大局上研究得出的，展示了中国特色社会主义新时代的历史地位、现实境域和未来意蕴。新时代的新特征，形成了高校思想政治教育的历史方位和显著特色，从多方面形成了高校思想政治教育的基本特征。

（二）新判断提出高校思想政治教育新任务

党的十九大提出新时代社会主要矛盾的新判断，是对新时代中国特色社会主义发展的基本性质和特征的具有战略性意义的科学概括。毛泽东指出："在复杂的事物的发展过程中，有许多的矛盾存在，其中必有一种是主要的矛盾，由于它的存在和发展规定或影响着其他矛盾的存在和发展""捉住了这个主要矛盾，一切问题就迎刃而解了"。新时代我国社会主要矛盾已经转化为人民日益增长的美好生活需要和不平衡不充分的发展之间的矛盾。这一判断表明，人民美好生活需要日益广泛，不仅对物质文化生活提出了更高要求，而且在民主、法治、公平、正义、安全、环境等方面的要求日益增长。"美好生活"的实现，除经济建设、文化建设提供的需要外，还包括政治建设、社会建设、生态文明建设等方面提供的需要。在我国社会生产力水平总体上有了显著提高，社会生产能力在很多方面进入世界前列的基础上，发展不平衡不充分的问题更加突出，并成为满足人民日益增长的"美好生活"需要的主要制约因素。新时代社会主要矛盾的变化是关系全局的历史性变化，解决这一矛盾，成为新时代中国特色社会主义的主要任务，对党和国家工作提出了各个方面的新要求。因此，新时代社会主要矛盾也对高等教育和高校思想政治教育在提供更加公平、更高质量的教育需要上提出新任务和新要求。

（三）新使命指明高校思想政治教育新要求

党的十九大报告中，习近平总书记在回溯近现代中华民族奋斗历史时指出：实现中华民族伟大复兴是近代以来中华民族最伟大的梦想，也是新时代中国共产党的历史使命。实现伟大梦想必须进行具有许多新的历史特点的伟大斗争，要充分认识这场伟大斗争的长期性、复杂性、艰巨性，发扬斗争精神，提高斗争本领，不断夺取伟大斗争新胜利；实现伟大梦想必须深入推进的党的建设新的伟大工程，要确保我们党永葆旺盛生命力和强大战斗力；实现伟大梦想还必须推进中国特色社会主义伟大事业，这是改革开放以来党的全部理论和实践的主题。"四个伟大"的总体关系上是紧密联系、相互贯通、相互作用的，其中起决定性作用的是党的建设新的伟大工程。推进伟大工程，要结合伟大斗争、伟大事业、伟大梦想的实践来进行，确保党在世界形势深刻变化的历史进程中始终走在时代前列，在应对国内外各种风险和考验的历史进程中始终成为全国人民的主心骨，在坚持和发展中国特色社会主的历史进程中始终成为坚强领导核心。实现伟大梦想必须合乎时代潮流、顺应人民意愿，勇于改革开放，让党和人民事业始终充满奋勇前进的强大动力。"不忘初心、牢记使命"，坚守使命和担当，就要坚定道路自信、理论自信、制度自信、文化自信。增强"四个自信"，弘扬永不懈怠和一往无前的精神，既不走封闭僵化的老路，也不走改旗易帜的邪路，保持政治定力，坚持实干兴邦，始终坚持和发展中国特色社会主义。"四个伟大"和"四个自信"，是新时代中国特色社会主义发展的使命和担当的集中体现，也是高校思想政治教育的历史使命和时代担当，是对高校思想政治教育提出的新的更高的要求。

（四）新思想确立高校思想政治教育新路向

党的十八大以来，以习近平同志为核心的党中央，紧紧围绕"新时代坚持和发展什么样的中国特色社会主义、怎样坚持和发展中国特色社会主义"这个重大时代课题，进行艰辛的理论和实践的探索，取得重大理论创新成果，创立了习近平新时代中国特色社会主义思想。时代是思想之母，实践是理论之源。习近平新时代中国特色社会主义思想中，核心要义的八个方面和十四个基本方略，构成理论和实践密切结合的有机整体。习近平新时代中国特色社会主义思想的核心要义，为基本方略的形成和实施提供了理论指导和实践指南；基本方略的贯彻和落实，为核心要义的丰富和发展提供现实根据和实践基础。在基本理论、基本路线和基本方略的紧密结合中，不断推进中国特色社会主义的发展，不断彰显中国道路、中国智慧的时代感召力和影响力，不断彰显21世纪中国马克思主义的思想光辉。高校思想政治教育要以习近平新时代中国特色社会主义思想为指导，在对这一思想的核心要义和基本方略的深入学习和领会中，结合高校思想政治教育的实际，在思想政治教育战略思维和战术谋划的结合上，在深化高校思想政治教育"怎么看"和"怎么办"的认识上，确立新时代高校思想政治教育的新路向。

二、新时代高校思想政治教育的条件

（一）高校思想政治教育要以高校教师队伍建设为关键

"加强师德师风建设，培养高素质教师队伍"，这是习近平总书记对新时代优先发展教育事业、建设现代化教育强国提出的要求，也是对做好新时代高校思想政治教育的要求。高校教师做的是传播知识、传播思想、传播真理的工作，是塑造灵魂、塑造生命、塑造人的工作。习近平总书记在全国高校思想政治工作会议上提出了加强师德师风建设的"四个坚持"的要求，即要求"坚持教书和育人相统一，坚持言传和身教相统一，坚持潜心问道和关注社会相统一，坚持学术自由和学术规范相统一"。以"四个坚持"的要求，引导广大高校教师以德立身、以德立学、以德施教，提升教师的思想魅力、学术魅力和人格魅力，真正发挥好高校教师在思想政治教育中的关键作用。

（二）高校思想政治教育要以制度体制建设为基础条件

高校思想政治教育制度和体制建设，要充分发挥课程、教学、科研、学科、社会实践、校园文化、网络环境等环节和过程的育人功能，完善育人机制，优化评价机制，改进激励机制，强化实施保障，完善立德树人的各个环节和整体，健全思想政治教育的体制和机制。高校思想政治教育制度和体制，要成为全面推进高校思想政治工作改革创新的有机组成部分，特别要成为实施高校思想政治工作质量提升工程的重要组成部分。

第四节　新时代高校思想政治教育的根本目标和基本遵循

习近平新时代中国特色社会主义思想，是马克思主义中国化的最新成果，是实现新时代中国特色社会主义各项事业发展的根本指导思想，也是全面推进新时代高校思想政治教育的重要指导思想。新时代高校思想政治教育的根本目标和基本遵循有以下几个方面：

一、新时代高校思想政治教育的根本目标

（一）高校思想政治教育要以培养"三有"人才为根本目标

高校思想政治教育要以社会主义现代化强国建设所要求的"有理想、有本领、有担当"的人才培养为根本目标。在党的二十大报告中，习近平总书记从全面建设中国特色社会主义现代化强国的高度，提出"青年兴则国家兴，青年强则国家强。青年一代有理想、有本领、有担当，国家就有前途，民族就有希望"；从实现中国共产党历史使命的高度，提出"中国梦是历史的、现实的，也是未来的；是我们这一代的，更是青年一代的。中华民族伟大复兴的中国梦终将在一代代青年的接力奋斗中变为现实"；从青年高校学生成长成才的高度，提出"广大青年要坚定理想信念，志存高远，脚踏实地，勇做时代的弄潮儿，在实现中国梦的生动实践中放飞青春梦想，在为人民利益的不懈奋斗中书写人生华章"。

在"有理想、有本领、有担当"的人才培养中，要提升思想政治教育的亲和力和针对性，为高校学生解答人生应该在哪用力、对谁用情、如何用心、做什么样的人的根本问题；要回应高校学生在学习生活社会实践中遇到的真实困惑，满足高校学生成长发展需求和期待；要增强高校学生对人民的感情、对社会的责任和对国家的忠诚；要关心和爱护青年高校学生，为他们实现人生出彩搭建舞台。

（二）高校思想政治教育要以提高学生思想政治素质为本质要求

在高校思想政治工作会议上，习近平总书记提出："思想政治工作从根本上说是做人的工作，必须围绕学生、关照学生、服务学生，不断提高学生思想水平、政治觉悟、道德品质、文化素养，让学生成为德才兼备、全面发展的人才。"在高校学生全面素质提高中，思想政治素质提高是核心。习近平总书记从"四个正确认识"上，凸显提高高校学生思想政治素质的重要性。这"四个正确认识"是，一要正确认识世界和中国发展大势，从我们党探索中国特色社会主义历史发展和伟大实践中，认识和把握人类社会发展的历史必然性，认识和把握中国特色社会主义的历史必然性，不断树立为共产主义远大理想和中国特色社会主义共同理想而奋斗的信念和信心；二要正确认识中国特色和国际比较，全面客观认识当代中国、看待外部世界；三要正确认识时代责任和历史使命，用中国梦激扬青春梦，为学生点亮理想的灯、

照亮前行的路，激励学生自觉把个人的理想追求融入国家和民族的事业中，勇做走在时代前列的奋进者、开拓者；四要正确认识远大抱负和脚踏实地，珍惜韶华、脚踏实地，把远大抱负落实到实际行动中，让勤奋学习成为青春飞扬的动力，让增长本领成为青春搏击的能量。"四个正确认识"实际上是"两个巩固"思想在高校思想政治工作中的具体体现，在高校思想政治教育方向和任务上的具体落实。

高校思想政治教育要加强中国特色社会主义理论和实践的研究和教育，深刻把握道路开拓、制度发展、理论创新和文化自信的密切联系及其在实践中协同推进、交互作用的内在逻辑。高校思想政治教育要更为深刻地激励当代高校学生主体精神世界的发展和创新，更为深刻地激发当代高校学生实现中华民族伟大复兴中国梦的坚定信念，更为扎实地激扬当代高校学生对中国特色社会主义的道路自信、理论自信、制度自信、文化自信。

（三）高校思想政治教育要以践行社会主义核心价值观为根本内涵

习近平总书记指出："社会主义核心价值观是当代中国精神的集中体现，凝结着全体人民共同的价值追求。"社会主义核心价值观作为社会主义核心价值体系的内核力和聚焦点，深刻体现了社会主义意识形态的本质。在全国高校思想政治工作会议上，习近平总书记提出"要把社会主义核心价值观贯穿于高校办学育人全过程，用社会主义核心价值观引领知识教育、引领师德建设"。践行社会主义核心价值观是高校思想政治教育的根本内涵。

在党的十九大，习近平总书记指出要"把社会主义核心价值观融入社会发展各方面，转化为人们的情感认同和行为习惯"。对于当代高校学生，习近平总书记提出了践行社会主义核心价值观的新要求。在 2014 年 5 月 4 日北京大学师生座谈会的讲话中，他提出："（社会主义）核心价值观，其实就是一种德，既是个人的德，也是一种大德，就是国家的德、社会的德。国无德不兴，人无德不立。"社会主义核心价值观三个层面的要求，把国家、社会、公民的价值要求融为一体，"实际上回答了我们要建设什么样的国家、建设什么样的社会、培育什么样的公民的重大问题"。高校思想政治教育要勇于探索，开拓创新，承担起"明大德"及其与"守公德""严私德"整体并进的理论研究和实践引导。

在"明大德"上，习近平总书记指出："我们要保持战略定力和坚定信念，坚定不移走自己的路，朝着自己的目标前进。""大德"弘扬，呈现的将是中国力量、中国精神、中国效率，对于国家和民族来讲就是要清楚"自己是谁，是从哪里来的，要到哪里去，想明白了、想对了，就要坚定不移朝着目标前进"；"大德"践行、承诺的将是"中国已经发展起来了，我们不认可'国强必霸'的逻辑，坚持走和平发展道路，但中华民族被外族任意欺凌的时代已经一去不复返了"；"大德"始终遵循"同这个民族、这个国家的历史文化相契合，同这个民族、这个国家的人民正在进行的奋斗相结合，同这个民族、这个国家需要解决的时代问题相适应"。"明大德"是国家的思想内涵，是国家的政治形象，是国家的价值体认，是国家凝聚民族精神和人民力量的"神器"，是国家的世界形象和内在定力的根本证实。"明大德"同"严私德""守公德"一起，作为践行社会主义核心价值观的重要方面，成为高校思想政治教育的着力点。

二、新时代高校思想政治教育的基本遵循

新时代高校思想政治教育要以"内化于心、外化于行"为基本遵循。

习近平总书记在谈到认真学习党章问题时，就提出了"内化于心，外化于行"的要求。在培育和弘扬社会主义核心价值观时，习近平总书记又提出"使社会主义核心价值观内化为人们的精神追求，外化为人们的自觉行动"的要求。面对当代高校学生的生活实际、学习实际、思想实际和成长实际，面对新时代对高等教育和高层次人才培养的新期望和新要求，"内化于心，外化于行"是增强高校思想政治教育科学性、针对性和实效性的基本遵循。

"内化于心，外化于行"从思想政治教育过程上，凸显思想政治教育做什么、为什么做、谁来做、怎么做、做成什么等环节的作用，以及各环节之间的内在统一性。习近平总书记提出："青年要从现在做起、从自己做起，使社会主义核心价值观成为自己的基本遵循，并身体力行大力将其推广到全社会去。"他还告诫青年："要立志报效祖国、服务人民，这是大德，养大德者方可成大业。同时，还得从做好小事、管好小节开始起步'见善则迁，有过则改'，踏踏实实修好公德、私德，学会劳动、学会勤俭，学会感恩、学会助人，学会谦让、学会宽容，学会自省、学会自律。"习近平总书记连续用了八个"学会"，突出了"内化于心，外化于行"过程中受教育者主体认知和践行的重要意义。"内化于心，外化于行"强调受教育

者自身在思想政治素质意愿提高、接受认同、育成责任等过程和环节上的自知、自悟和自省;既突出了教育者对受教育者的积极引导作用,也强调了受教育者在思想政治素质认知和实践环节和过程中的自觉。"内化于心,外化于行"是高校思想政治教育过程的基本遵循,是增强高校思想政治教育"本领意识"的切入点和突破点。

第二章 新时代高校思想政治教育理念

随着中国特色社会主义进入新时代,我国政治、经济、文化发生重大的转变,人们的思想观念和生活方式也随之产生巨大的改变。在新形势下,高校思想政治教育要紧紧把握时代的特征,切实担负起为全面建设社会主义现代化国家培养思想上、政治上、道德上合格人才的重要职责。正是基于这种时代背景,高校思想政治教育理念也面临同社会的需要相适应的问题。

思想政治教育的理念是思想政治教育中的主体在不断的教育实践过程中形成的有关思想政治教育最基本问题的本质和规律的理性认识,是对思想政治教育观念起统领作用和统摄意义的核心观念,是所有参与思想政治教育活动的主体在从事思想政治教育实践过程时所要遵守的根本指导思想和行为准则。高校的思想政治教育理念则具体针对的是对高校中的高校学生的思想政治教育社会实践活动的理性认识。

第一节 "三势"和"三因"理念

一、新时代高校思想政治教育要以"三势"和"三因"为基本理念

2013年,在全国宣传思想工作会议上,习近平总书记提出,宣传思想工作要"胸怀大局、把握大势、着眼大事,做到因势而谋、应势而动、顺势而为"。在 2016 年

全国高校思想政治工作会议上，习近平总书记又提出，"做好高校思想政治工作，要因事而化、因时而进、因势而新"。从"因势而谋、应势而动、顺势而为"的"三势"，到"因事而化、因时而进、因势而新"的"三因"，体现了思想政治教育理念的深刻内涵。高校思想政治教育要从"大局""大势"和"大事"着眼与着手，就要把握好"事"和"化""时"和"进""势"和"新"之间的辩证关系，在融会贯通思想政治教育各个环节与过程的方法和能力上得到总体跃升。

习近平总书记指出："要运用新媒体新技术使工作活起来，推动思想政治工作传统优势同信息技术高度融合，增强时代感和吸引力。"遵循思想政治教育规律、遵循教书育人规律、遵循学生成长规律，沿用好办法、改进老办法、探索新办法，让思想政治教育的优质资源在学生乐于接受的形式上焕发出新的生机活力，使思想政治教育贴近学生学习、思想、生活和成长成才的实际，润物细无声地给学生以理论滋养、思想内涵、人生启迪和精神力量。"三势"和"三因"理念科学回答了高校培养什么样的人、如何培养人以及为谁培养人这一根本问题，为新形势下高校思想政治工作的改革创新、提升高校思想政治工作科学化水平，培养德智体美全面发展的社会主义建设者和接班人，开创我国高等教育事业发展新局面，提供了原则遵循，指明了行动方向。

二、"三因""三势"在高校思想政治工作中的意义

加强和改进新形势下高校思想政治工作，事关我国高等教育的发展方向，事关我国高校肩负的重要使命，事关党的思想政治工作的特色与优势。为此，中国共产党历来高度重视高校思想政治工作，探索形成了一系列方针原则，创造了许多成功的做法，积累了丰富而宝贵的经验。习近平总书记关于"因事而化、因时而进、因势而新"的论述，对于新形势下高校思想政治工作改革创新、破解短板问题，更好地履行育人育才职责、肩负起办学治校使命都具有十分重大而深远的意义。"三因""三势"在高校思想政治工作中的意义主要有以下几个方面：

（一）指明高校思想政治工作破解短板问题的正确路径

近年来，高校思想政治工作主流积极健康向上，始终坚持正确方向、立德树人，

服务改革创新工作大局。总体上看，高校思想政治工作持续加强和改进、不断向上向好，呈现出良好的发展态势，为保证党对高校的领导、高等教育改革发展、服务党和国家工作大局作出了重要贡献。然而，面对新形势新挑战，一些高校对思想政治工作缺乏深刻认识，思想政治工作存在一些亟待解决的问题。例如，有的高校思想政治工作观念陈旧，没有认识到思想政治工作从根本上说是做人的工作，不能很好地围绕学生、关照学生、服务学生，导致思想政治工作不够"接地气"；有的高校思想政治工作目标不明确，对办学方向把握不到位，在培养社会主义合格建设者和可靠接班人这个根本目标上存在模糊认识；有的高校思想政治工作内涵不够丰富，不懂得深化、更新和创造性转化工作内容，不能适应时代的发展要求；有的高校思想政治工作方式方法落后，新媒体新技术利用不足，导致思想政治工作的亲和力和针对性不强等。这些现象表明，加强和改进新形势下高校思想政治工作，破解短板问题的任务十分紧迫。

习近平总书记关于做好高校思想政治工作要"因事而化、因时而进、因势而新"的论述，为破解这些短板问题理清了思路、找到了路径。"一切划时代的体系的真正的内容都是由于产生这些体系的那个时期的需要而形成起来的。"破解高校思想政治工作短板问题，关键在于针对新情况新问题新任务，立足思想政治教育既有实践状况和发展水平，与时俱进地推进思想政治工作改革创新，实现高校思想政治工作因事而化、因时而进、因势而新。因事而化要求将高校思想政治工作与现实问题和未来方向有机结合，把握高校思想政治工作的主题；因时而进要求将高校思想政治工作与时代背景和发展前沿相衔接，增强高校思想政治工作的动力；因势而新要求将高校思想政治工作与世界大势和国内形势相联系，筑牢高校思想政治工作的基础。唯有如此，方能使高校思想政治工作继承和发扬传统工作优势，紧跟时代步伐，把握发展趋势，增强工作时代感和针对性。

（二）标示高校思想政治工作履行育人育才职责的科学方法

高校立身之本在于立德树人。育人育才是高校思想政治工作的重要职责。"高校思想政治工作关系高校培养什么样的人、如何培养人以及为谁培养人这个根本问题。"对于这个问题，在不同时代有着不同的回答，正如列宁所说："只有不可救药的书呆子，才会单靠引证马克思关于另一历史时代的某一论述，来解决当前发生的独特而复杂的问题。"育人育才工作的时代感很强，其目标、内容、方式等都要随着时代的发展变化而不断更新。随着意识形态领域冲突的加剧，高校思想政治工作育人育才的主流价值导向愈加明显，更加注重培养德智体美全面发展的社会主义合格建设者和可靠接班人。同时，伴随着党和政府的工作重心的转变和社会发展方式的转型，高校思想政治工作育人育才的价值取向逐步从单向的政治教育转为政治与业务的有机结合，体现出育人育才对象的专业化与综合性的相互统一。

高校思想政治工作履行好育人育才职责，必须寻求科学的方法。恩格斯指出："每一个时代的理论思维，从而我们时代的理论思维，都是一种历史的产物，它在不同的时代具有完全不同的形式，同时具有完全不同的内容。""因事而化、因时而进、因势而新"标示了这一科学方法。因事而化要求育人育才强化问题导向，着眼于正在做的事情，为人民培养人，为中国共产党治国理政培养人，为巩固和发展中国特色社会主义制度培养人，为改革开放和社会主义现代化建设培养人。因时而进要求育人育才强化时代导向，培养具有时代气息、适应时代发展的人，即培养思想水平高、政治觉悟好、道德品质正、文化素养优，德才兼备、全面发展的人。因势而新要求育人育才强化实践导向，结合当前形势和发展前沿培养人，引导学生正确认识世界和中国发展大势，正确认识中国特色和国际比较，正确认识时代责任和历史使命，正确认识远大抱负和脚踏实地。总之，"三因"标示了高校思想政治工作履行育人育才职责的科学方法，优化了高校育人育才工作的规格、内容、结构，使之不断适应时代和实践变化，引导工作向纵深发展。

（三）确定高校思想政治工作肩负办学治校使命的原则遵循

高校思想政治工作肩负着办学治校的重要使命，加强和改进高校思想政治工作，事关办什么样的大学、怎样办大学的根本命题。习近平总书记强调，"我们的高校是党领导下的高校，是中国特色社会主义高校。办好我们的高校，必须坚持以马克思主义为指导，全面贯彻党的教育方针"。实践证明，高校抓好了思想政治工作，办学治校就能沿着正确方向前进；放松了思想政治工作，办学治校就会迷失方向。高校要坚持不懈传播马克思主义科学理论，培育和弘扬社会主义核心价值观，促进高校和谐稳定，培育优良校风和学风，思想政治工作只能加强不能削弱，只能前进不能停滞，只能积极作为不能被动应对，这是办好中国特色社会主义高校的本质要求，也是高校思想政治工作的重要使命。

高校思想政治工作要完成所肩负的办学治校使命，就要回归本色，直面问题。

"问题就是公开的、无畏的、左右一切个人的时代声音。问题就是时代的口号,是它表现自己精神状态的最实际的呼声",这是一个重要的原则遵循。只有适应一流大学建设的要求,创新具有鲜明特色的办学治校方式,才能推动我国高校在时代变化中获得真正的发展。遵循因事而化,要求办学治校扎根中国大地,吸收世界上先进的办学治校经验,结合我国独特的历史、独特的文化、独特的国情,扎实办好中国特色社会主义高校;遵循因时而进,要求办学治校立足现实,与时代同步伐,用富含时代韵味、反映时代愿望的方式,办出充满时代气息、适应时代发展的大学;遵循因势而新,要求办学治校拓展国际视野,融通中外,面向现代化、面向世界、面向未来,办好中国的世界一流大学。可见,"三因"规定了高校思想政治工作肩负办学治校使命的原则遵循,使办学治校有章可循、有据可依,方向明确、立场坚定。

第二节 以人为本的教育理念

"以人为本"作为一种教育理念,其要求高校思想政治教育工作在这个前提下探索有效方法,促进高校学生思想政治素质的提高。现在,高校思想政治教育在"以人为本"教育理念的研究与探索中已经取得一定的研究成果,这些成果对高校思想政治教育从不同的方面、层次和角度作了有益的探索,对教育实践产生了一定的影响。研究高校思想政治教育"以人为本"的教育理念要从对其内涵的研究入手。

一、以人为本的内涵

随着中国特色社会主义进入了新时代,以人为本、加强人文关怀和心理疏导,是思想政治教育工作重要的教育理念。因此,探寻其理论和形态是十分有益的。下文对以人为本的含义进行探讨。

我国古代就提出了"以人为本"的概念。在中国,最早明确表述"以人为本"

的是管仲，《管子·霸言》中说："夫霸王之所始也，以人为本。本理则国固，本乱则国危。"管仲所说的"以人为本"被后来的古代思想家表述为"以民为本"。例如，贾谊《新书·大政上》"闻之于政也，民无不为本也。国以为本，君以为本，吏以为本"和"民为贵""民可以载舟，亦可以覆舟""民者，君之本也"等。但"以人为本"和"以民为本"是有区别的："以民为本"是具有积极意义的中国传统文化的理论；"以人为本"是马克思主义经典学说中关于人的思想本质的体现。在经济发展中"以民为本"是将仁义道德放在物质利益之上，"以人为本"在经济上则是不断满足和丰富群众物质生活的基础和前提；"以民为本"是中国古代封建统治者满足利益需要的策略，"以人为本"则是发挥广大群众的创造性为需要。所以，只有"人"和人的情感、思想、需求、尊严在政治上、文化上存在合法性与合理性，个人才能得到充分发展的权利与空间，个性才能得到应有的张扬。

马克思主义学说中也有关于"以人为本"含义的阐述。马克思主义的思想政治教育，以宣传和传播社会主义和共产主义思想，引导人们的政治态度，解决各类思想问题，提高人们的思想道德和心理素质，完善人格和调动积极性为根本任务，与人类社会历史上一切剥削阶级的思想政治教育有着本质上的差别。马克思主义思想政治教育观认为，思想政治教育作为一门应用学科，就本质而言是对人们进行的以思想政治教育为核心，以思想教育、道德教育和心理教育为重点的综合教育实践，其最终目标是培养人的社会主义思想，塑造每个人的社会主义理想人格，引导人作出正确的选择。因此，做好思想政治教育工作，是建立在对马克思主义哲学人本理论清楚的认识基础上的。人民群众是实践主体，思想政治教育以人为本，首先要以人民群众为实践之本。一切实践活动都是由人民群众进行的，人民群众是一切实践活动的主体。思想政治教育要始终依靠人民群众开展社会实践活动，注重增强人民群众社会实践活动的思想共识，加强社会实践活动主体思想和行动的协调，不断激发和调动人民群众的积极性、主动性和创造性，增强社会实践活动的精神动力，把精神力量转化为物质力量，促进人民群众的社会实践活动不断深化和发展。

以人为本的内涵中还包括人的可持续发展。人的发展，既要注重当前的现实的发展，又要注重长远的、可持续的发展。只有实现人的可持续的发展，才能实现人们人生发展的最大价值，也才能为社会的可持续发展奠定最重要的人才基础。人的可持续发展，就是要发现和挖掘人的发展的巨大潜力，增强人们自我持续发展的意识和能力，建立人的发展的长效机制。思想政治教育要引导人们正确认识和处理自我发展与社会发展、现实发展与长远发展的关系,克服发展的短期行为,根据社会和科学发展的需要,适应学习型社会和学习型组织的要求,不断充实知识和更新自身的知识结构,增强持续发展的坚定意志,克服发展中面临的种种困难和障碍,实现自身的可持续发展。

二、高校坚持以人为本教育理念的意义

(一)有利于提高高校学生的社会实践能力

坚持以人为本,是高校思想政治工作的本质要求。思想政治工作的本质和思想政治工作的使命,就是对人民群众进行先进的、科学的思想理论灌输,进行党的理论、路线、方针、政策教育,把马克思主义的立场、观点和方法变成人民群众自觉的思想和行动。高校思想政治工作坚持以人为本的教育理念,就是以学生的全面发展为目标,重视学生的价值,肯定学生的作用,坚持从学生的需求出发,充分激发和调动学生的积极性、主动性、创造性,促进学生实现由被动向主动、由不知到知、由知到行的转化,最终完成思想政治工作的使命。

高校思想政治教育的任务之一是教育广大的青年学生,把这些学生培养成为社会主义事业的优秀建设者和合格接班人。思想政治教育是一种主观见之于客观的实践活动。思想政治教育属于以人为对象的社会实践活动。思想政治教育一定要让广大学生真正动起来,走出课堂、感受社会、参加社会调查、参与社会服务、深入基层、进入社区和农村。"以人为本"的思想政治教育理念促进高校学生由知到行的转化,对高校学生将来进入社会具有重要的意义。

(二)有利于教师展示自己的人文关怀

有人认为:"思想政治教育作为一种培养人、塑造人、发展人、完善人的社会性教育活动,是以人作为其出发点与落脚点。它不仅承担着引导人们进行价值追问与价值决断的责任,还帮助人们解读人生的终极意义。"也有人认为"所谓人文关怀就是对人性的关怀。思想政治教育中的人文关怀就是教育的内容、形式和目标都要符合人性的发展规律和需要,能够促进人的天性自然成长,使教育对象成长为真实的自己,实现自我"。其实人文关怀总结起来就是以促进人的生存与发展为目标,

尊重和满足人的主体地位和个性需求，培养人的主体意识和自觉能动性，进而推动人的健康成长和全面发展。

当前思想政治教育工作的人文关怀方法发展的指导思想是以人为本。在思想政治教育方法论中，就是要以教育对象为本，以满足和服务于教育对象的发展和需要为出发点和落脚点，要尊重人、理解人和关心人。随着社会经济的发展和高等教育的大众化，教育对象群体尤其是高校学生日益复杂和多样化，有不少学生出现了一些问题，如心理问题、学业问题和人际交往心理障碍问题等，这就需要教育者运用专业知识和能力为高校学生的发展提供专门服务，特别要给予其心灵的抚慰。教育者要帮助高校学生提高适应社会环境的能力，减轻其学业压力，促使其走出情感困惑，为他们提供心理咨询和健康服务，在服务中体现学生至上的理念；教育者要认真聆听高校学生的倾诉，共同分担其痛苦和喜悦，寻找有效的方法和提供良好方案，使高校学生得到满意的服务。

（三）有利于增进师生之间的互动

思想政治教育归根到底是对人的工作，包含着对学生的心理培育和行为引导，关系到学生的人格塑造和思想成长。近年来，虽然高校在思想政治教育的理念上有了很大的改进，但是总体来说，在实际的政治理论教育教学过程中学生的主体性作用还不能充分发挥。

随着时代和社会的发展，当代高校学生生长在复杂而又充满矛盾和价值冲突的多元文化环境中，高校学生的民主、平等、自尊、自强、自我发展的意识越来越强烈，以前那种理想化的价值标准和价值要求规划教育对象的思想与行为，引起高校学生的逆反心理，不能达到思想政治教育的预期目的，这就必然要求高校思想政治教育工作朴实化、平民化和具体化。在传统教学过程中，教师是绝对的主体，而学生则是绝对的客体，整个教育过程中缺乏主客体之间的互动。作为受教育者的学生与作为施教者的教师之间缺乏面对面的交流和个性化的沟通，师生之间缺少这种必要的互动直接影响了整个思想政治教育教学的质量，严重制约了思想政治工作实效性的提高。从高校学生思想实际出发改进教育教学理念，是思想政治教育教学面临的一个急需解决的问题。

在思想政治教育活动中坚持"以人为本"的理念，不但是社会进步的基本要求，而且是思想政治教育本质特征的规定。思想政治教育是统治阶级以其社会成员为对象，塑造社会成员形成符合社会要求的思想观念的政治教育实践活动，也是促进人的全面发展，是一种"从人出发，为了人、通过人而完成"的活动，是纯粹的"人"的活动。高校实施思想政治教育活动，必须先认识教育对象，把握高校学生的思想观念形成的过程，研究高校学生思想观念发展的规律，以掌握思想政治教育的主动权，使其有力有效是思想政治教育的本质要求。以人为本是人类社会发展的必然诉求。教师可以通过解决高校学生在日常生活和学习中遇到的实际困难，关心其心理、恋爱、就业等方面的具体问题；改变传统思想政治教育理想化的"价值认同"，注意把教育对象的正当利益需求与"价值认同"有机结合，这就需要教师改变过去那种"高高在上"的地位，把身份转换成为高校学生提供服务和帮助的工作者。教师不仅要把自己变成服务者，更重要的是，教师要理解学生。当一个人设身处地想到他人身处的境遇时就会产生一定的心理体验，就会了解别人的感受，产生快乐、同情、憎恨等情感，即理解他人的言行和所作所为。在思想政治教育中，教师要理解高校学生的生存状况、心理问题和发展需求，通过一系列方法帮助高校学生获得自主意识、走出困境，并促进其健康发展。

三、高校实施"以人为本"教育理念的要求

高校教育用"以人为本"的教育理念来开展思想政治教育教学工作，重要的就是要正确把握"以人为本"的理念。把人作为一切工作的根本任务，一切努力的目的都是为了人的发展。在思想政治教育的具体实施中，要依据"以人为本"的教育理念来设置思想政治教育的内容；同时运用"以人为本"的教育方法，把握"以人为本"主题，以取得理想的教育效果。

（一）理解并贯彻以人为本的理念

在深入理解"以人为本"教育理念的基础上，还要贯彻"以人为本"理念。在贯彻以人为本的教育理念的过程中要注意处理好以下问题：

（1）高校的思想政治教育一定要以人的全面发展为工作宗旨，纠正以往存在的思想政治教育只是为了服务于政治宣传的固有观念。传统意义上思想政治教育是政治统治的需要，它可以作为思想政治宣传的手段。过去人们一直认为思想政治教育

最为重要的职能就是调动人的积极性,以便更好地服务于社会经济文化的发展和阶级统治的需要。随着党中央明确提出了"以人为本"的理念,这种偏离思想政治教育的不科学观念才被广泛地质疑。其实马克思主义并不反对人的发展和社会的发展的辩证统一性,并且在马克思主义者看来它们是同等重要的,它们之间是互为前提和基础的关系。只有从过去片面误区性的观念中跳出来,才能在实践中真正坚持"以人为本",才有利于在思想政治教育过程中贯彻实施"以人为本"教育理念、教育内容和教育方法。

思想政治教育促进高校学生的全面发展,就是要促进高校学生的思想政治素质、科学文化素质、身心健康素质等方面都得到全面发展,并且重点是要通过提高高校学生的思想政治素质来带动和促进高校学生的全面发展,进而提高全民族的思想道德素质和科学文化素质。高校思想政治教育要始终以满足高校学生的思想道德发展需要,促进高校学生的全面发展为根本,这是检验高校思想政治教育是否贯彻"以人为本"的教育理念的重要标准。

(2)高校在思想政治教育开展中要牢固树立"以人为本"的思想政治教育理念。众所周知,人的科学的、正确的思想观念不是通过几次教育就能形成的,而且人的道德水平又是处于不断变化之中,而社会需要的思想道德要求更是处于不断发展变化之中。因此,这一切都决定贯彻"以人为本"思想政治教育理念的重要性。高校的教育者要在长期的教育教学中摒弃把思想政治教育当作一种短期行为的做法,寻找正确的方式方法,始终贯彻坚持思想政治教育"以人为本"的价值追求。教育者要用高尚的道德情操熏陶和感化学生,要用言行一致的品质、精益求精的教育态度,影响和激发学生的道德感、责任感。抓好教育引导工作不放松,营造积极、健康、向上的校园文化氛围,主动、广泛、深入地开展各种活动,寓思想政治教育于活动之中。运用多样、灵活的激励手段鼓舞学生,实现思想政治教育方法由单向灌输到教育者与受教育者的双向对话的转变,以达到双向对话过程中双方共同成长的目标。

(二)把握"以人为本"的主题

高校用"以人为本"理念进行教育教学,要正确把握"以人为本"的主题。简单地说,高校教育教学的主体无非三类:教师、学生和管理者,也就是"以人才为本,以教师为主体;以育人为本,以学生为主体,以服务为本,以管理者为主体"。只有真正把握"以人为本"的主题,才能践行一切为人的发展目的,才能更好地体现和做到"以人为本"的教育理念。

（1）以教师为主体是高校思想政治教育教学发展的前提条件。教育教学质量是高校教育事业发展的生命线，高质量的教学需要高质量的教师，高素质的教师队伍也是全面推行以人为本教育教学的基本保证。所以在实践中要加强对教师的培训，提升教师的业务水平和综合素质，尤其是要提升其道德修养、思想品格和执教能力。同时，教师有较高的人生价值追求，高校要不断完善教师的奖励机制，激发教师队伍的活力。学校要以尊重劳动、尊重知识、尊重人才、尊重创造的态度，尊重、理解并关注教师思想、需要和情感，从而才能最好地发挥教师在教育教学过程中的主导作用。另外，教师应充分理解高校学生的真实想法和合理需求，动之以情，晓之以理，对合理的想法和需求尽量满足，对不能解决的问题，讲清道理，既努力化解矛盾，又努力提高高校学生的思想认识和思想觉悟。启发高校学生的自主性、自觉性和自我教育意识，培养高校学生的自我教育能力，引导他们开展自我教育。最后，由于思想政治教育的实践性特征，还需要不断提高教师的教育教学实践能力，积极将思想政治教育与实践相结合，以期取得更好的教育教学效果。

（2）管理主体是高校思想政治教育教学管理者开创管理工作新格局的核心需要。学校的管理水平影响着教育教学的质量，体现着学校综合的教学管理实力。学校管理质量的提高是由具备先进的教育思想、高水平的教师和先进的教学设备、充足的教育经费、科学化的管理体系等综合作用的结果。首先，管理者要树立以服务为本的意识，为教师服务，为学生服务。管理者特别要以"以人为本"的管理理念和以服务为本的管理意识规范教学管理，发挥管理价值，注重实效，制定科学的教育教学制度。其次，在教育理念、教学内容、教学方式等方面构建新的模式，践行自由发展的教育服务理念，从而实现学校教育教学管理质量的全面提升。最后，从事行政教学管理的教职员工要切实转变工作作风，改进工作方法，改善服务态度，自觉地为广大师生服务，为学校的思想政治教育教学和科研营造人性化的管理氛围。

四、"以人为本"的教育理念的应用

"以人为本"的教育理念在高校思想政治教育的应用，即在思想政治教育中所体现出的人文关怀。

（一）人文关怀的内涵和实质

人文关怀具有丰富的科学内涵。从哲学的角度来看，人文关怀主要指关注和解决人的存在所遇到的问题。从伦理学的角度来讲，人文关怀主要指肯定人的价值、尊重人的个性和尊严、追求人的自由全面发展。其核心是以人为本，把人作为认识和实践的出发点和归宿。从教育学的角度，人文关怀是指教师用人的方式去尊重人、关心人、理解人，特别是要关注学生的精神生活、精神生命的发展。充分发挥教育对引导学生成长成才、促进学生全面发展的作用。尽管教育工作者从不同的角度，对人文关怀有不同的理解，但对人文关怀的理解核心基本一致。因此，可以把人文关怀的内涵归纳为以下几个方面：一是尊重人的主体地位；二是尊重人的个性差异；三是关心人的多样性需求；四是调动人的积极性、激发人的创造性；五是追求人的自由全面发展。

从人文关怀的内涵可以看出，人文关怀的实质是确立人的主动性和主体性地位，从而确立一种赋予人生以意义和价值的关怀，最终实现人的自由全面的发展。

（二）高校思想政治教育人文关怀的内涵的界定

从高校思想政治教育工作的实践来看，高校思想政治教育人文关怀是指在高校思想政治教育过程中，尊重高校学生的主体性地位、尊重他们的个性差异，关心他们的个体需求，调动他们的主动性、激发他们的创造性，促进他们的全面发展。思想政治教育的对象是高校学生，坚持以人为本，突出人文关怀，即高校思想政治教育工作是对习近平新时代中国特色社会主义思想的践行，也是改进高校思想政治教育工作的要求。从目的上来看，人文关怀是关注人的生存和发展状态，承认人的价值、尊重人的主动性、关注人的多方面的需要，以促进人的全面发展为目的。从对高校思想政治工作的导向上来看，坚持人文关怀，就是把高校学生作为思想政治教育的主体，重视他们的主体性地位，发挥教师的主导性作用，注重引导，而不是"填鸭式"灌输，为改进高校思想政治工作明确了方向。

（三）高校思想政治教育人文关怀的内容

"以人为本"思想体现在高校思想政治教育工作中也就是"以学生为本"，一切为了学生，为了学生的一切。以学生为本需要每一个思想政治教育工作者在教育过程中调动学生的积极性，发挥学生的主体作用，极力倡导学生的主体地位，促进学生主动健康地发展。以人为本思想表现在尊重学生的个性差异。因为，不论是发展的程度还是发展的方向，每个人的潜能是不同的。以人为本思想重视培养受教育者的完整人格，追求人的能力的全面发展，实现受教育者在身体、精神、情感、理智等方面的有机统一。

高校思想政治教育的"以人为本"这一人文关怀，就是要把高校学生作为思想政治教育的出发点和归宿，把高校学生看作具有独立个性和特定观念的教育主体，在教育教学过程中重视启发引导高校学生内在的教育需求，调动和激发高校学生主动学习的积极性、能动性和创造性，使其自觉树立起科学的世界观、人生观和价值观，形成正确的政治思想素质和高尚的道德品质，从而使他们真正成为中国特色社会主义事业的合格建设者和可靠接班人。思想政治教育工作者在进行思想政治教育的过程中，必须以完整、科学、准确的人的特性为依据，树立良好的人文关怀意识，尊重学生、关心学生。

把人文关怀纳入思想政治教育工作中来，强调高校学生的价值和尊严，重视对学生的关怀，也就是要理解他们，特别是关注个别学生的心理状态，促进其自由地生长、全面地发展，从专业、心理特征、生活水平、学习态度、价值取向等方面进行分析，切实地解决他们的思想问题和生活实际问题。这就需要教师走进学生的心理世界，针对每个学生的优势领域和弱势领域，为每个学生提供发展的多元途径，在发掘其优势领域的同时，帮助他们将优势领域的特点向弱势领域迁移与渗透，从而使自己的弱势领域也得到最大限度的发展，以开发潜能来发展个性，实现教育目标。

高校思想政治教育工作应坚持人文关怀，促进人的全面发展，为社会培养出更多人才，这就要求高校思想政治教育工作者在进行思想政治教育工作过程中做到以下几点：

第一，注重以人为本，尊重人的需要，启发人的自觉性。根据马斯洛的需要层次理论，人对尊重的需要是人的较高层次的社会性需要的一部分，是社会中的人对自我评价和自我尊重以及对社会评价与社会尊重的渴望；思想政治工作的首要任务就是启发人的自觉性。随着社会的进步，物质生活的丰富，人们对精神的需要越来越强烈。一定意义上讲，互相尊重与信任的良好的人际关系对启发人的自觉性起着决定作用；能否满足人的尊重和需要是思想政治工作能否取得实效的重要前提。思想政治工作如果做不到尊重人，不能使工作对象的尊重需要得到满足，就不会收到良好的效果。因而，思想政治工作者应将以诚待人、以理服人、以情动人的态度和平等、民主的方法，应用并贯彻到思想政治教育的实际工作中去，以达到良好的工作效果。

第二，注重以人为本，关心人的利益，调动人的积极性。在当前的社会主义市场经济的背景下，人们的主体意识越来越强，人们的行为表现越来越趋利化，利益越来越多元化，人们争取自己的合法利益，这一方面可以促进生产力的发展与社会的进步，另一方面可以影响人们考虑问题的出发点与判断是非的标准。一些人不能正确处理好国家、集体与个人三者之间的利益关系，少数人甚至不择手段地去追求个人利益。这就要求思想政治教育工作引导人们树立正确的义利观，处理好各种利益关系。马克思说过"人们奋斗所争取的一切，都同他们的利益有关"。这说明利益是思想政治工作的基础，离开了利益的思想政治工作是空洞的、毫无内容的，也是没有意义、没有效果的。因而在处理利益问题时，思想政治教育工作者必须做到以下两点：一是讲清利益关系，使受教育者能够分析并厘清各种利益关系，确立正确的利益观；二是把思想政治工作与解决群众的实际利益结合起来，真正做到理论与实践的统一。

第三，注重以人为本，彰显人的价值，激发人的创造性。要培养与造就全面发展的人，就要开发人的价值、能力和个性。人的价值包括社会价值和个人价值两个方面，两者是对立统一的。现代社会已经将人们紧密地联系在一起，如果没有人与人之间的有效协助、配合与支持，就不能促进社会的进步与发展；同样没有人的个性的创造性发展，社会的进步与个人的发展也是不可能的。高校思想政治工作的开展，不能阻碍师生的个性发展，而是要引导他们发展，为其发展创造必要的条件与环境。有生命力的思想政治工作不是要禁锢人们的头脑与手脚，限制人们的思想和行动，而是要开发人的智力，培养人的创新精神，引导人们更大程度地实现人的自我价值，同时为社会进步作出更大的贡献。高校是人才的集散地，是未来社会建设者成长的沃土，因而思想政治教育工作中注重以人为本，彰显人的价值，激发人的创造精神，就显得尤为重要。

（四）高校思想政治教育人文关怀的重要价值

现代学界对思想政治教育的研究表明，思想政治工作内容是指思想政治工作主体通过思想政治实践活动，作用于思想政治工作对象客体的理论化、系统化的意识形态体系，是由政治教育、思想教育、道德教育、心理教育等构成的，具有一定稳定性的结构体系。思想政治教育的本质就是要培养有知识、有道德、有信仰的人，即实现人的全面发展。马克思提出的"人的全面而自由发展"是马克思主义的最高理想。要实现人的自由和全面发展，首要的一点是实现人的现代化，人的现代化与整个社会进步是一个双向构建的过程，人的素质的提高是核心。作为"个人"的现代化，至少需要具备如下特征：具有正确的世界观、人生观、价值观，具有高尚的道德情操、追求真善美，具有现代知识结构、具有较高的文化素养、注重知识更新，具有正确的思维方式和健康的心理特征等。

"以人为本"既是时代进步与社会发展的迫切要求，也是人的全面发展的必然要求，其对我国的市场经济发展和社会主义现代化建设具有十分重要的现实意义。随着全面建设社会主义现代化国家新征程的开启，做好新时代的高校思想政治工作，必须将切入点放在受教育者身上，针对每个具体的人的特定思想形成的客观原因和影响因素，通过有效地改变某些外在因素和条件，达到影响人的思想的目的。

（五）高校思想政治教育人文关怀的不足与紧迫性

1.高校思想政治教育人文关怀的不足

高校思想政治教育人文关怀的不足主要体现在高校教育的人文关怀的缺失。

（1）高校教师人文关怀精神的缺失。高校学生作为法律上独立、自主的人，具有与学校领导、教师同等的人格和尊严。他们的人格和权利，应该受到学校和教师的尊重与爱护。部分教师的职业道德水平不高，只把教书当作谋生的手段，在教学过程中"教"与"学"脱节，片面强调学生的"学"而忽视引导学生应该"学"、怎么"学"；对学生态度冷漠，忽视对学生人格塑造的正面影响，只重教书不重育人，只重言传不重身教，缺乏从事教师工作的热情。这导致部分学生学习积极性不高，师生关系淡漠，给学生造成极大的负面影响。

（2）高校思想政治工作者对高校学生自我需要关照的缺失。首先，忽视学生的实际需求。高校在思想政治教学和日常的思想政治教育工作中，向学生灌输的是"正面"的东西，进行抽象而空洞的说教，回避社会上出现的问题，回避学生关注的热点问题和敏感问题。而且，教育的内容比较陈旧，难以引起学生的兴趣。其次，忽视学生受教育的层次性需要。学生在思想觉悟和道德修养方面存在差异，呈现出层次性；在一些教育者眼中，学生的认知结构都是一样的，因此忽略学生的个性特点和个人利益要求,往往重"群体"而忽视"个体",不能对学生有针对性地展开工作。最后,忽视学生创新个性的培养。

(3)人文关怀是高等教育的核心理念。高校思想政治教育的本质内容是以人为本,其根本目的是构筑精神支柱,发掘人的创造潜能。高校思想政治教育不是制约人、约束人、控制人,而是创造条件发展人。当前部分的高校思想政治教育工作忽视了人的本质特性,缺乏对学生应有的尊重。因此,高校应坚持以人为本,充分了解学生的个性特征和个人需求,理解并尊重他们的主体地位和人格,尊重学生的基本权利和责任,尊重学生的个体价值和社会价值。

2.新时代高校思想政治教育加强人文关怀的紧迫性

随着我国社会主义市场经济制度的逐渐完善以及改革开放在广度和深度上的不断推进,人们的个体意识在不断觉醒,法治意识也在不断提高,这一切对高校思想政治教育工作者提出了更高的要求。新时代不仅把人作为社会发展真正的、主要的动力,还把人作为社会发展真正的最终目的。于是,这样的一种时代背景也要求高校思想政治教育对此作出恰当的回应:要关切"人",关怀人的自在、自为、自觉、自由,关怀学生的个性发展,高校要体现对学生的人文关怀。当代高校学生成长在对外开放不断扩大、社会主义市场经济深入发展、以互联网和手机通信为代表的现代传媒手段蓬勃兴起的时期,随着我国社会经济体制、组织形式、就业方式、利益关系和分配方式的日益多样化,高校学生具有了较宽广的国际视野,其思想观念比较复杂。

另外,当代一些高校学生人文意识缺失,存在自私冷漠、个性过强、公德意识薄弱等问题。长辈对于独生子女的溺爱和娇宠,使得学生从小就以自我为中心,不为别人着想;很多独生子女缺少兄弟姐妹为伴,也缺少集体活动机会,不易养成与人协同合作的精神,也缺少竞争性,这样就导致了高校学生过强的自我中心意识,较差的自我管理意识,较弱的团队意识。另外,部分高校学生存在着一些功利性倾向,不承担应该承担的社会责任和义务。还有部分高校学生,在急剧变化的社会环境(如就业环境等)面前,由于心理准备不够,信心不足,加之对学校的教学改革、教学条件不满等原因,思想焦虑,导致心态较为低沉、消极,影响身心健康。

（六）新时代加强高校思想政治教育人文关怀的对策

1.提高高校思想政治教育工作者的人文素质

高校思想政治教育工作者的人文素质，主要涉及思想政治素质、道德素质以及心理素质三个方面。其中，思想政治素质包含思想和政治两个方面，首先思想素质要求思想政治教育工作者要有爱岗敬业精神；其次政治素质要求思想政治教育工作者要有坚定的政治立场与正确的政治方向。道德素质要求思想政治教育工作者要具备事业心与责任心，并且要为人师表、以身作则，为高校学生的发展方向起到良性引导的作用。此外，提高高校思想政治教育工作者的人文素质还包括心理素质。心理素质包含性格意志、智力以及人际交往等方面，要求教育者必须提升自身知识储备与运用的同时，这与思想政治教育目标不谋而合。

2.转变高校学生思想政治教育工作者的教育观念

当前思想政治教育工作者的重要责任是对高校学生进行思想政治教育，教育者需转变传统观念，做好思想政治教育的人文关怀工作。首先教育者应该树立以人为本的理念，坚持思想政治教育人性化的同时，要对高校学生群体的共性与差异性进行关注，坚持个性化的思想政治教育体系；其次要树立主体性教育理念，需要教育者时刻关注高校学生思想道德发展的需求并予以满足，积极采用民主的教育教学方法，切实有效地将人文关怀融入思想政治教育工作中去。

3.建立健全思想政治教育人文关怀机制

思想政治教育人文关怀制度的建立和完善是极其重要的，它对高校人文关怀教育的发展起到促进作用。首先，高校应建立思想政治教育信息的反馈机制，需要开拓畅通的信息流动渠道,建立完善的咨询服务体系以及流动的信息反馈与监督机制；其次，加强心理疏导机制的建设，对高校学生的心理健康予以密切关注，积极做好相应的疏导工作，定期开展心理健康讲座，对其心理健康问题进行良性引导，促进高校学生心理健康发展；最后，实行人文关怀育人机制，要将管理与教育相结合，相应的规章制度要进行精细化、科学化，对高校学生自我管理进行引导，提升其自我管理能力。

第三节 全面发展的教育理念

随着社会的发展，促进高校学生的全面发展的问题日益成为理论研究的热点问题。无论是基于社会发展的宗旨，还是基于思想政治教育的本质属性，思想政治教育必须结合社会的不断变化、人的思想不断变化的现实，正确认识并促进高校学生的全面发展。这就要求思想政治教育工作者深刻认识和准确把握人的全面发展理论，解放思想，开拓创新，在思想政治教育工作中着眼于高校学生的全面发展，促进高校学生的全面发展和社会的全面进步。

一、全面发展的教育理念的内涵

"人的全面发展"学说是针对人的片面发展日益加剧的严峻事实，寻找解决这一问题的根本出路提出来的。马克思关于人的发展讲得最多的是"人的全面发展"。马克思看到了在生产资料私有制条件下，剥削阶级为了自身的利益，人为地扩大和强化了分工，并使分工产生了对立的性质，造成了"一个阶级被排斥于发展之外"和"把这个阶级排斥于发展之外的阶级本身的发展也是片面"的现实，使劳动者"个体本身也被分割开来，成为某种局部劳动的自动的工具"，"由于劳动被分割，人也被分割了。人的片面发展达到前所未有的地步"。马克思在批判资本主义社会"畸形发展"的片面性、工具性和有限性的基础上，阐明了人的发展的具体内涵，即指人的能力、社会关系和人的个性的全面自由而充分地发展，而不是单项发展、片面发展和畸形发展。"人以一种全面的方式，也就是说，作为一个完整的人，占有自己的全面的本质。"因此，马克思关于人的全面发展是指人的本质的全面展示。从政治经济学角度讲，人的全面发展是指劳动者由片面发展到全面发展的问题，是从现实性上讲人具有适应劳动变换的多方面的劳动能力的发展问题。从哲学角度讲，人的全面发展是指人类的彻底解放，是指整个人类发展的总目标、总趋势。从科学社会主义学说的角度讲，人的全面发展问题是指人类真正能够认识、控制和驾驭整个自然界和社会发展的规律，使整个人类由必然王国进入自由王国。

关于人的全面发展理论是马克思主义理论的重要组成部分，是马克思主义的最高命题，也是马克思主义思想政治教育理论的指导原则。学习人的全面发展理论并且运用这个理论，指导当代高校思想政治教育具有特别重要的现实意义。人的全面发展有着丰富的内涵，具体来讲，主要包括以下几个方面：

（一）"所有人"的全面发展

在资本主义社会出现之前，人类已经有了分工，这些分工的出现已经造成了人的发展的片面性。资本主义社会使分工达到了极端的程度，人的发展更是出现了畸形。在旧的分工条件下，人们的活动因为受着各种客观条件的限制，使得人们的发展只能具有这样的形式：一些人靠另一些人来满足自己的需要，因而少数人得到了发展的垄断权；而多数人经常地为满足最迫切的需要而进行斗争，因而在新的革命的生产力产生以前暂时失去了发展的可能性。在资本家的工厂中，工人终身专门服侍一台机器，以至于变成了机器的一部分。马克思指出："工场手工业把工人变成畸形物，它压抑工人的多种多样的生产志趣和生产才能，人为地培植工人片面的技巧。"实际上，在资本主义社会，出现这种畸形发展情况的不仅仅是工人，而是涉及几乎所有人。虽然资本主义社会在后来的发展中进行了某些生产方式的调整，特别是随着科学技术革命的发展，人的发展有了一定的改善，但是由于资本家极大地追求利润和剩余价值，它不可能实现真正意义上的人的全面发展。只有在社会主义社会，人的全面发展问题才会受到真正的重视。

（二）人的个性的自由发展

个性的自由发展主要指：第一，潜能的充分发挥。人的个性和能力是受社会物质生活条件以及具体的阶级关系所制约与决定的。在通常情况下，人们所表现出来的能力只是他所有潜在能力的一部分。马克思、恩格斯认为，人的全面发展的内容之一，就是要发挥每个人身上所具有的潜能。第二，肉体和心理的完善。它要求有健康的体魄和心理，尤其是心理方面的完善。因为在很多情况下，健康的心理影响着健康的体魄，心理方面的完善是表明人的发展的主要标志。第三，人的需要相对丰富。人的发展的内在根据就是人的需要的不断丰富。第四，丰富、全面而深刻的感觉，主要是指现有的物质生活条件赋予人们内在的感受。第五，精神生活的境界，即个性的自由发挥。尤其需要指出的是，虽然马克思、恩格斯所讲的人的全面发展包括人的需要、能力、社会关系和个性的全面发展,但其主要强调的是人的能力的全面发展。他们指出:任何人的职责、使命、任务就是全面地发展自己的一切能力。

马克思主义经典作家经常把"自由发展"和"全面发展"联系起来,称之为"每个人的全面而自由的发展"或"自由的全面发展"。在马克思看来,人的全面发展必须是人的自由发展,必须是人的全部才能的"自由发展",必须是人的"自由个性"的全面发展。

（三）人的类特性的应有发展

这里的类特性,主要是指人的自由自觉的创造性活动。人的类特性的应有发展,在内容和性质上是指人的创造性活动能力与人的主体性的充分发挥及发展。但是在资本主义条件下,工人阶级沦为机器的附庸,劳动成为他们简单的、被动的谋生手段,劳动的形式势必是贫乏的、单一的。长此下去,虽然社会现代化进程在发展,但个人却失去其行为中的视野。人的全面发展,主要内容应该包括劳动形式的丰富和完整,个人活动相应地充分达到丰富性、完整性和可变动性。这不仅是社会进步的要求,同时人按其必然性来讲,也应当且必须实现其类特性。

（四）人的充分发展

人的全面发展是与社会发展的历史阶段相适应的,"充分发展"体现了人的一种发展程度。由于社会实践和历史条件的制约,人对自然、社会和自身的认识要经历一个不断发展的过程,因而人的发展要经过若干历史阶段。马克思论述了人的发展的形态,即起初完全是自然发生的"最初的社会形态",在这种形态下,"人的生产能力只是在狭隘的范围内和孤立的地点上发展着",个人没有独立性,直接依附于共同体;以物的依赖性为基础,人在这种形态下,"形成普遍的社会物质变换,全面的关系,多方面的需求,以及全面的能力的体系",实现了人对"人的依赖关系"的转换;"建立在个人全面发展和他们共同的生产能力成为他们的社会财富这一基础上的自由个性"是最终形态。人们将在自觉、丰富、全面的社会关系中获得自由、全面的发展,成为具有自由个性的人。

（五）人的社会特性的发展

人的社会特性的发展主要包括以下几个方面:第一,个人和一切人的发展;第二,个人和集体的发展;农业社会所讲的集体是整体主义,是某种"虚幻"的集体,这种集体抹杀了个人,而在自由人联合体当中,所讲的集体则是尊重个人自由和能力的真实的集体;第三,个人和他人的发展,个人主义曾经被视为现代文明的最高成就,因为人们可以不再受某些秩序的束缚,可以自由选择他所认为有价值的生活方式和生活状态,可以有权决定自己的信仰,反叛先辈们的生活道路,其缺陷是抛弃了社会的公共准则,只重视自我的眼前利益,只把自己看作主体,把他人看作客体。马克思、恩格斯认为,人的社会特性的发展则强调个人与他人的发展;第四,个人自身内部各个方面的发展,主要包括生理、道德和能力等各个方面的发展。

总之,人的全面发展作为人自身发展的高级形态,是人类社会历史发展的必然趋势,也是一个逐步前进、不断完善的历史过程。只有在社会关系实现了根本性变革、财富极大丰富的共产主义社会,作为社会个体的人才能完全彻底摆脱对人的依赖关系和对物的依赖关系。因此,不断推进人的全面发展,同不断推进经济、文化的发展和改善人民物质文化生活,是互为前提和基础的。人越是全面发展,社会的物质文化财富就会创造得越多,人民的生活就越能得到改善,而物质文化条件越充分,又越能推进人的全面发展。这两个方面是一种辩证统一的关系,相辅相成,相互促进。社会生产力和经济文化的发展水平是逐步提高、永无止境的历史过程,人的全面发展程度也是逐步提高、永无止境的历史过程。这两个历史过程应该相互结合、相互促进地向前发展。

二、全面发展教育理念的具体内容

全面发展教育理念的具体内容包括德育、智育、体育、美育和劳动技术教育等。

第一,德育。

德育是指教育者按照一定社会或阶级的要求,有目的、有计划、有系统地对受教育者施加思想、政治和道德影响,通过受教育者积极地认识、体验、身体力行,以形成他们的品德和自我修养能力的教育活动。简言之,德育就是教师有目的地培养学生品德的活动。

我国学校德育包括思想品质教育、政治品质教育、道德品质教育、法治教育和心理健康教育。学校德育的根本任务是以共产主义思想和道德规范教育青少年,引导他们主动积极地进行社会实践，逐步养成高尚的社会主义品德，成为全面发展的社会主义国家的公民。

德育的任务：一是逐步提高学生的道德修养能力和形成社会主义与共产主义的道德观；二是培养学生坚定的政治立场和高尚的道德情操；三是促使学生养成良好的道德行为习惯。

第二，智育。

智育是指向学生传授系统的基础文化科学知识和技能，发展他们智力和能力的教育。智育的任务：一是向学生传授系统的科学文化基础知识，培养其基本技能技巧；二是发展学生的智力。

第三，体育。

体育是指向学生传授健身知识、技能，发展他们的体力，增强学生体质的教育。学校体育的根本任务是增强学生的体质，增进学生的身心健康。体育具体包括促进学生正常发育和身体各器官机能的发展；全面发展学生的身体素质（速度、灵敏、力量、耐力、柔韧性等）和人体基本活动能力（走、跑、跳、投、攀登）。

学校体育的组织形式主要有"两课"（体育课和课余体育训练课）、"两操"（课间操和眼保健操）、"两活动"（课外体育活动和体育竞赛活动）。其中，体育课是体育基本组织形式。

第四，美育。

美育也叫审美教育，它是通过文学艺术、社会生活和大自然美的教育培养学生正确的审美观，使学生具有感受美、鉴赏美、评价美、表现美和创造美的能力，发展他们的高尚情操和文明素质的教育。美育的任务：一是培养学生正确的审美观点，使他们具有感受美，理解美，鉴赏美的知识和能力；二是培养学生表现美和创造美的能力；三是培养学生的心灵美和行为美。

第五，劳动技术教育。

劳动技术教育就是指导学生掌握劳动技术基本知识和基本技能，形成劳动观点和习惯的教育，其包括劳动教育和技术教育两个方面。劳动教育是培养学生的劳动观念、劳动习惯；技术教育主要是使学生掌握一些基本的生产技术知识和劳动技能。

劳动技术教育的任务：一是培养学生的劳动观点，使其养成正确的劳动态度和习惯以及学习生产技术的兴趣；二是使学生初步掌握一些基本的生产知识和劳动技能；三是掌握组织生产和管理生产的初步知识与技能。

全面发展教育的五个部分是密切相关的，它们之间相互联系、相互制约、相互渗透，彼此不能相互取代，从各个方面保证着教育目的的实现。其中，德育对其他各育起着保证政治方向和保持动力作用，它是"五育"的灵魂；智育为其他各育的实施提供了知识和认识基础；体育则是实施各育的物质保证；美育和劳动技术教育是德、智、体的具体运用和实施。

三、全面发展教育理念对高校学生的促进作用

（一）有助于塑造高校学生人格

按照荣格的观点，文化要求于一个人所扮演角色就成为人格，其实也就是其公开的人格。这种包括外部自我和内部自我，就是真实的人格。人格可以分为认知（思想、知识水平、知觉和记忆）、行为（技能、天赋和能力水平）和情感（感觉与感情）几个主要部分。因此，人格可以简单归结为个体心理特质和行为特征的总和。

人格是人的素质的基础，它决定个体包括生理、心理和社会文化素质在内的综合素质的发展。人格是人的主体意识，即个体对自己本质的清醒的自觉意识，主体人格正是由主体意识所赋予生命的自强不息、持续发展的心理特质。主体性是标志人的本质力量的哲学范畴。马克思主义是从主客体关系的角度来规定主体性，认为主体性是主体在与客体的关系中，主体在对象性活动中表现出来的本质属性。人的全面发展是适应现代实践发展需要的人的主体意识、主体能力的发展。当前，我国社会发展的战略目标是经济、政治、文化建设的全面发展。社会的全面发展离不开人的全面发展。努力促进人的全面发展，为社会全面发展提供主体条件和基础。但是，全面建成社会主义现代化强国的主体是人，只有发挥人的主体作用，全面建成社会主义现代化强国的目标才能真正实现。社会的进步和发展是人的主体性的对象化，是人的本质力量的实现，可以说没有人的主体性的解放和提升，就不会有社会的发展和进步。高校学生是促进社会进步的主力军，在全面发展的教育理念的指导下，必然发挥着自己的作用。

塑造理想人格，就是有意识地创造人们共同景仰的人格范型，引导人们攀登崇高的道德目标。人格包括人的认知能力特征、行为动机特征、情绪反应特征、人际关系协调程度、态度信仰体系、道德价值特征等。人格不仅控制着人的行为方式，

而且决定了人的发展方向。教师通过一系列理论教育和实践，促使高校学生形成社会所要求的品格、思想境界、道德情操等。这样，教师把外在的社会要求转化为学生的内在意识，再由学生的内在意识、动机转化为其外在的行为和行为习惯。为了促成这两个转化，教师必须不断研究社会要求与人格完善之间的关系，研究内化的具体条件，为进一步促进高校学生人格的塑造提供良好的基础条件。

（二）有助于丰富高校学生的精神生活

思想政治教育是社会主义精神文明建设的一项主导工程和中心工程，通过提高人的精神境界和道德境界，帮助人们树立科学的正确的世界观、人生观和价值观，抵御各种腐朽思想，为人的全面发展和社会的全面进步指明正确的发展方向和提供精神动力。

任何社会的人们都离不开精神生活，但在不同的时期，人们精神生活的丰富程度和品位的高低是不同的。在人的需要体系中，精神需要是比物质需要层次更高的需要，只有在物质条件十分匮乏的时候，物质需要才会成为整个需要体系中的优势需要，一旦物质需要得到基本满足，人们便开始追求较高层次的精神需要，它将成为人们的优势需要。在现代社会，人民的生活水平有了很大提高，在物质生活需要得到满足之后，有越来越多的高校学生将以满足物质生活需要为主，过渡到以满足精神生活需要为主。高校学生的心理状态、接受能力、欣赏水平发生了变化，他们越来越倾向于对政治权利、文化利益、休闲娱乐、审美情趣等精神需求的向往和追求。在这种形势下，思想政治教育对丰富和提高高校学生的精神生活将发挥更大的作用，它是满足高校学生的精神需求，丰富和提升他们的精神世界的重要方式。教师必须有全面发展的教育理念，能够利用各种手段大力宣传真善美的事物，提高高校学生的审美水平和审美情趣，不仅要提高高校学生的政治素养，还要促进高校学生追求美好精神生活，促进其全面发展。同时，他们丰富的精神生活形态和内容也给思想政治教育提供了广阔的空间。通过思想政治教育，培养高校学生高尚的政治自觉性和道德观，不断提高审美情趣，形成坚定的信念和理想。

高校思想政治教育的一个重要价值就是为高校学生的自由而全面发展提供正确的发展方向和思想保障，以促进高校学生的自由而全面发展。

(三)有助于规范高校学生道德

随着经济全球化和市场经济改革的进一步推进,社会上一部分人的道德品质严重弱化甚至丧失,为了追求经济利益不择手段,他们不惜损害他人的合法权益。部分高校学生也受到不良思想的腐蚀,出现道德缺失的问题。全面发展的教育理念认为高校学生不仅仅只是完成学业要求,还要完成自己道德观的建构。

教育可以改变人的命运,思想政治教育作为精神生产活动,可以改变一个人的本性,它塑造人的灵魂、品德,解决人们的思想、信仰、品德问题。因此,思想政治教育的个体价值不仅表现在教育者通过自己对他人的精神塑造而体现出自己的价值,更重要的表现是使受教育者的精神得到良好的培育。思想政治教育的方向性和规范性是紧密相连,不可分割的。所以,为了引导高校学生走向正确的方向,促进其全面发展,高校也应该规范高校学生的道德。

高校思想政治教育通过道德教育的手段,对提高高校学生的道德修养,规范高校学生的行为方式,满足高校学生的道德需要和追求有着重要的意义。一方面,高校思想政治教育通过有计划、有组织地对高校学生施以道德影响,帮助他们提高道德认识,陶冶道德情操,确立道德信念,养成道德习惯,把道德意识转化为道德品质,使他们了解和掌握社会所需要的、合理的道德规范;另一方面,高校思想政治教育促进高校学生内化道德规范,践行道德规范,用符合社会发展要求的、合理的道德规范来指导和约束自身的行为,提高道德自律能力,形成良好并稳定的道德品行,建立良好的人与人之间的道德关系,营造良好的人际交往氛围,实现个人与他人的和谐发展。

(四)有助于提高高校学生的思想政治素质

高校学生思想政治素质是具有整体性的有机存在,思想政治素质既包含认知、体验、实践、自我教育等能力要素,又包括知、情、意、行等个性要素,还包括世界观、人生观、价值观、道德观等社会关系要素,体现了人的自然属性、社会属性、精神属性的有机统一。高校学生思想政治素质的全面提高,就是要求高校学生的能力素质、个性素质、社会关系素质的全面提升。

思想政治教育的根本目的是提高人的思想政治素质,由于人的思想政治素质是具有整体性的有机存在,所以全面提高高校学生的思想政治素质是一个系统工程,单靠某一环节或某些实践活动是无法达成的,应将各种看似不同的教育主体整合为该实践活动的整体主体,将高校学生思想政治素质视为整体性对象,运用全面发展的教育理念,整合各种教育方式方法和途径,使思想政治教育具有培养高校学生整体素质全面发展的整体性功能。

马克思主义认为,人作为历史的存在物,始终是未完成的,始终处于不断提升自己的过程中。高校学生只有切实地参与思想政治教育活动,成为思想政治教育的行为主体而不是旁观者,才能在事实上成为思想政治教育活动的主体。高校思想政治教育坚持参与实践的原则,重视实践锻炼法的运用,有利于高校学生在实践中把对科学理论的掌握转化成自己观察和解决各种问题的立场、观点和方法,有利于提高高校学生的思想政治素质。

思想政治教育的最终目的是通过改造人的主观世界,提高人的认识世界和改造世界的能力。高校学生只有积极参与教育活动,才能在教育活动中充分发挥主体性。思想政治教育必须重视实践这个"第二课堂"的作用,通过实践,高校学生将已经内化的思想观念和社会要求转化为相应的行为。

第四节　高校思想政治教育的创新

当今时代是一个空前开放的时代,社会处于前所未有的开放性融合过程。在科技日新月异,经济全球化、社会信息化、信息网络化、文化多元化、价值取向多样化的社会转型过程中,世界日益成为一个更加紧密联系的有机整体。传统的封闭式教育模式被打破,全方位开放式的新型教育成为时代需要。高校思想政治教育由于其自身的特殊性,必然也需要顺应社会发展要求,把握时代走向,用创新的教育理念指导高校思想政治教育的转型与模式重构。高等教育的根本任务是培养人,高校思想政治教育能够在思想和精神上保证学生的健康成长、顺利成才、成功就业。因此,高校学生思想政治教育要在教育理念上与时俱进,不断推进改革创新。

一、教育理念创新的内容

（一）终身教育

树立终身教育理念，意味着要改变教育随学校教育结束而结束的理念。随着成人教育、回归教育、继续教育成为终身教育的重要环节和方式，思想政治教育也要在这些环节和方式中成为重要的教育内容，并具有继续教育的特点和功能；意味着更要注重培养高校学生自教、自律的习惯与能力；意味着要发挥高校学生思想政治教育的桥梁作用，既要"承"中学德育之"前"，又要"启"成人教育之"后"，要在学校和社会之间架起一座联系的桥梁，引导学生参与社会生活，适应社会发展的需要；意味着要发挥高校学生思想政治教育的整合功能，实现高校思想政治教育与家庭教育、社会教育的有机结合，整合各种思想政治教育资源，提高学生思想政治教育的自觉性。

（二）素质教育

教育的根本任务是育人。教育的根本宗旨就是提高人的素质，教育的本质就是素质教育。根据马克思、恩格斯关于人的自由全面发展理论，我国确立实施具有中国特色的素质教育的体系和模式。素质教育是以提高国民素质为根本宗旨，以培养学生的创新精神和实践能力为重点，以促进人的全面发展为目的的高质量教育。

学界一般认为高校素质教育的内涵主要是思想道德素质、专业业务素质、身心健康素质和科学文化素质。另外，不同的素质会在整体素质的形成中发挥不同的作用。科学文化素质是基础，专业业务素质是主干，身心健康素质是条件，而思想道德素质是方向和灵魂。思想政治教育树立素质教育理念，就是要改变传统的应试教育理念，从以知识传授和理论传授为主向以提高思想政治素质为主转变；注重对学生创新精神和实践能力的培养，就是要切实促进学生德、智、体、美的融合性、协调性发展；就是要培养学生的爱国主义、社会主义和集体主义思想，提高学生辨别是非的能力；就是要改革传统的教育方法，采用灵活多样的方式进行教育教学，充分发挥学生的主观能动性，培养学生独立思考的能力与创新能力。

二、高校学生思想政治教育理念创新的方法

（一）转变思维方式

创新是一个民族的灵魂。教育理念的创新，是思想政治教育充满活力，永葆青春的不竭动力。

教育者的理念创新要实现由被动式思维方式向主动式思维方式转变。被动式思维方式是一种依赖性的思维方式，也就是做什么事情都是"等""靠""要"，即等着别人来安排，靠别人来帮忙，向别人要办法。主动式思维方式则是一种创造性的思维方式，也就是做什么事情都是自己去做，自己去闯荡，自己去创新。主动式思维强调个体的主动精神。被动式思维使思想政治教育方法流于形式，很难取得实效。被动式思维方式已经不适应新时代思想政治教育工作的要求，甚至阻碍思想政治教育工作的有效开展，所以教育者必须有意识地变被动式思维方式为主动式思维方式。

教育者的理念创新不仅要实现由被动式思维方式向主动式思维方式转变，还要使教育者从单向型思维方式向多向型思维方式转变。所谓单向型思维方式，是指在认识事物或思考问题时，只是针对事物本身，从一点出发，沿着一个固定不变的方向发展的思维方式。单向型思维方式一般具有简单性、静态性、片面性、封闭性的特点。而多向型思维方式，则是指在认识事物或思考问题时，针对事物本身，从多点出发，沿着多个不同方向发展的思维方式。多向型思维方式是具有复杂性、动态性、系统性、开放性特点的思维方式。显然，单向型思维方式不利于教育者创新教育理念，而多向型思维方式可以促进教育者进行教育理念创新。

（二）始终站在理论和实践的前沿

始终站在理论和实践的前沿，是实现思想政治教育创新的必要前提。教师只有善于学习，勇于实践，勤于思考，始终站在理论和实践的前沿，才能引导高校学生自觉把思想认识从那些不合时宜的观念、做法中解放出来，树立符合社会主义初级阶段基本国情、适应新时代中国特色社会主义的新观念。教师要用发展着的马克思主义指导发展着的实践，指导发展着的思想政治教育工作。

在高校思想政治教育工作中，对于那些新形成的、流行范围很广的理论和观念，

教师要进行具体分析，认真鉴别。在我国对外开放逐渐扩大和信息传播手段日益现代化的条件下，外来理论和观念纷纷涌进。为了提高思想政治工作的科学性和实效性，教师必须辩证地看待外来理论和观念，积极引进和吸收有益的新理论、新观念；并且与我国具体国情相结合，经过科学的加工改造，为思想政治教育工作所用。

站在理论和实践的前沿，进行思想政治教育观念的创新，要求教师做到以下几点：第一，及时学习马克思主义的最新理论成果，党和国家的重大决策，以及与思想政治工作相关的各学科的最新知识，努力使自己成为新的思想理论、知识、信息的拥有者和传播者。第二，认真观察和深入调查，敏锐发现和及时掌握思想政治教育工作面对的新现象、新矛盾和新问题，使自己的思想观念跟上形势发展的步伐。第三，主动进行自我反思，勇于自我否定，突破思维定式，准确把握社会发展的趋势和高校学生对思想政治教育工作的需求。

三、高校思想政治教育机制的创新

教育理念的顺利实行，教育工作的顺利推进，都需要一定的教育机制作保障。完善的思想政治教育机制确保思想政治工作系统各部分之间有机联系、相互作用，确保思想政治理念教育的推进，使思想政治教育工作的方法落到实处。因此，高校应根据时代的要求不断创新思想政治教育机制，优化思想政治教育机制。实现思想政治教育机制创新，就是要建立、健全、完善和不断改进这些机制，使思想政治教育工作作为一个系统工程、一个有机整体，能够运行良好、协调有序，各个环节相互衔接，各个系统相互配合，符合科学、合理、有效的原则，实现思想政治教育的规范化和系统化。

（一）思想政治教育工作机制创新的意义

创新思想政治教育机制，是顺应时代潮流的必然选择。随着中国特色社会主义进入新时代，社会主义市场经济体制逐步完善、民主法治日益健全、文化科教不断繁荣，这对思想政治教育工作提出了更高更新的要求。思想政治教育工作仅靠传统的教育机制，已难以满足时代的需要。因此，只有坚持与时俱进，善于把握客观现实的重大变化，克服因循守旧、墨守成规的思想，大胆扬弃那些与时代、与改革开放不相适应的机制,建构新机制,思想政治教育工作才能保持其旺盛的生命力。

1. 思想政治教育机制的创新有利于解决高校思想政治教育基本矛盾

思想政治教育机制是解决高校思想政治教育基本矛盾的保障。教师要求受教育者所具有的社会思想品德与受教育者思想品德水平之间的矛盾是思想政治教育的基本矛盾,它贯穿思想政治教育活动始终。

在高校进行思想政治教育的过程中,相关人员要协调一致,坚持育人为本、德育为先,所有教师、管理人员都要切实把思想政治教育与业务工作结合起来,坚持教书育人、管理育人,形成持久的教育合力。但是,有部分教师的思想品德已经不能满足高校学生的要求。因此,教师把握高校环境所需的思想品德要求,尤其把握好高校学生的思想实际是思想政治教育活动的难题,而要解决这一问题只能依靠一定的思想政治教育机制。因此,针对思想政治教育的基本矛盾,全面创新思想政治教育机制,思想政治教育才能收到实效,达到素质教育的目的。

2. 创新思想政治教育机制有利于智育与德育相结合

从目前实际情况看,高校"全员育人"的平台相对缺乏,全员育人的氛围尚未形成。学校的教学、科研、管理等方面或多或少存在着与德育脱钩的现象。现有的体制无法有效动员教师、管理人员和服务人员开展工作,"全员育人"只能流于形式。因此,为了实现高校"全员育人"的目标,必须创新思想政治教育机制,将智育与德育结合起来。

创新思想政治教育机制,教师不仅要全面研究和准确把握新形势下高校学生思想活动的新特点,还要进一步增强思想政治工作的主动性、针对性和实效性,引导高校学生正确认识当前教育改革中出现的新情况、新问题,引导高校学生正确处理学习和生活中的成长难题,才能进一步创新和规范思想政治工作的管理和运行方式,实现思想政治工作机制创新,为高校人才建设提供可靠的思想保证。

(二)思想政治教育机制创新的内容

机制是机构的具体实现和运作方式。思想政治教育机制是指思想政治教育运行过程中各构成要素由于某种机理形成的因果联系和运转方式。良好的机制是顺利开展思想政治工作的重要保障。正确、合理地创新思想政治工作机制,使思想政治工作切合学生思想实际和学习生活实际,符合全面建成社会主义现代化强国的需要,符合思想政治工作规律的要求,推动各方面工作的顺利开展。思想政治教育机制创新有以下几个方面：

1.创新思想政治教育控制机制

思想政治教育控制机制可以分为常态控制机制和非常态控制机制两类，其分别对思想政治教育正常运行的常态控制与思想政治教育过程中的非常态控制。

常态控制机制主要包括沟通机制、时间管理机制和项目管理机制。本文主要介绍沟通机制的创新。沟通机制是控制活动最基本的手段，高校思想政治教育者首先要加强工作系统内部的沟通，形成系统内部的协调一致；其次要加强教育主体与客体之间的沟通，及时了解学生的思想和行为动态，掌握学生的接受情况和反馈情况；最后要改善外部沟通，加强学校与社会各方面工作力量的整合，形成良好的工作氛围。

非常态控制机制的创新包括完善现有的以稳定为主的预警控制机制和逐步发展建立教育效果预警控制机制。前者主要是从危机管理理论和现代控制理论角度出发，面对一些可能发生的突发公共事件，建立一套成熟的预警控制机制是非常必要的。

危机管理机制主要包括危机预防、危机处理和危机解决三方面的内容，还需配套建立或发展危机管理的组织及制度，以应对未来可能发生的危机。尤其是在当前互联网自由与开放的环境下，还要建立网上信息监控机制，规定网络各责任主体与其网络行为具有可追寻的对应关系，切实做好网上突发事件的防范和应急处置的准备工作，从而形成统一协调、快速反应、处置有力的网络信息监控机制。

2.创新思想政治教育管理机制

创新管理机制。思想政治工作效果的好坏，与其管理机制直接相关。创新思想政治教育工作的管理机制，就是要在"明确权责，科学管理"上下功夫，要建立健全党委统一领导、党政工团分工协作、党政主要领导亲自抓、一把手负总责、各级干部一岗双责的管理机制，形成以思想政治工作者为骨干，管理人员和广大人民群众广泛参与的思想政治工作新局面。在纵向上，要做到管理目标逐层分解，责任逐级落实，真正形成目标同向、责任同担的合理的管理梯度；在横向上，要做到各组织、各部门齐抓共管，人人有责，通过建立联席会议制度、思想动态分析制度、工作效果反馈制度，建构主管明确、分工落实、协调有力、条令清晰、工作有序的周密的管理网络。总之，只有创新管理机制，提高管理水平，落实管理责任，思想政治工作才能取得良好的实际效果。

3.创新思想政治教育渗透机制

思想政治教育中的渗透机制，不仅仅是一个方法问题，它反映了思想政治教育的本质属性。思想政治教育要遵循人的思想受"综合影响"形成与"渐次发展"的规律，把思想政治教育渗透到工作中去，与各项具体工作有机地结合起来，融合各种教育因素及中介，通过潜移默化的形式有序进行。

首先，思想政治教育工作者必须具备和强化渗透意识。渗透意识是指思想政治教育要与业务工作融合，离开了业务工作，思想政治教育就会失去依托。只有渗透到业务工作的各个环节中，才能及时了解对象的思想实际，才能有的放矢地做好工作，才能摆脱思想政治教育与业务工作的"两张皮"现象。其次，思想政治教育工作者要改变过去"孤军奋战"的局面，努力使家庭教育、学校教育、社会教育互相配合，形成纵横联系的教育网络，实现思想政治教育合力的最大化。家庭教育、学校教育、社会教育虽然各自有其地位、作用和特点，但它们又是互相联系的，要取得良好的思想政治教育效果，必须实现三者目标的一体化，并形成环环衔接的"教育环"，努力做到相互配合、相互补充，从而使三者形成思想政治教育的最大合力。最后，要把思想政治教育渗透到管理工作中去，使二者有机结合起来。人们正确的世界观和人生观的形成，良好思想品德和行为习惯的养成，既要依靠长期的思想政治教育，也要依靠行之有效的管理。第一，只有把教育与管理结合起来，才能使党政工作配合得更好。第二，只有把教育与管理结合起来，才能适应多样化的现实社会。因此，在建立、健全必要的规章制度和实施管理的过程中，必须辅之以深入细致的思想政治教育。只有把教育与管理有机地结合起来，把思想政治教育渗透、贯穿管理的全过程，才能使各项规章制度的贯彻变为人们的自觉行动，同时又用管理来巩固思想政治教育的成果，促使人们逐步养成良好的思想作风和行为习惯。

4.创新思想政治教育评估机制

思想政治教育评估就是根据社会对思想政治教育的要求以及思想政治教育评估对象的实际，确立指标体系，运用测量和统计分析等方法，对思想政治教育的实际效果进行价值判断的过程。对思想政治工作的效益进行评估，是加强和改进思想政治工作的需要，还能为保证思想政治教育系统的有效管理和正确决策提供可靠依据。

创新思想政治工作评估机制，就是要努力克服思想政治工作评估机制的随意性、片面性和模糊性，坚持科学的态度，采取同类分析、目标分析、过程分析的方法，坚持物质成果与精神成果、静态效益与动态效益、定性分析与定量分析的统一，日常考核与定期考核、过程考核与结果考核有机结合，进行多形式、多层次、多方面的综合性评估。通过创新评估机制，改变思想政治工作领域存在的粗放的工作方法，正确评价思想政治工作的价值和成果，促使思想政治工作走上规范化的发展道路。

在创新评估机制时，必须要准确把握思想政治教育评估特征：

（1）综合性。思想政治教育内容的丰富性，决定了思想政治教育评估具有综合性的特征。设立的评估指标既要能反映物质成果，也要能反映精神成果。在指标的设计中应以人的思想、情感、态度等精神要素为主，还应包括物质化后的成果，在德、勤、能、绩的各个方面的表现，由此才能作出综合性评估。

（2）动态性。思想政治教育效果的体现必然滞后于思想政治教育本身，若用静止的观点看待评估，仅凭一次评估就对教育的效果下结论往往是不准确的，评估工作应经常性、动态性地进行。这样，评估工作才能较客观、全面地对思想政治教育的效果作出分析和评价，其中包括对思想政治教育所产生的积极效果的分析与评价和对思想政治教育的不当而造成的不良后果的分析与评价。

（3）对比性。思想政治教育效果表现形式的多样性、复杂性决定了思想政治教育评估应经常从纵向和横向的对比中来获得对教育效果的判断。所谓纵向对比，指时间而言，即将实施教育的前后状况进行对比，通过观察时期受教育者的变化来进行效果的分析与评价。所谓横向对比，指空间而言，即将同一类对象作比较，从它们的差异性中进行教育的效果分析与评价。

（4）系统性。思想政治教育效果范围的广泛性，决定了思想政治教育评估具有系统性的特点。首先，在评估中要做到局部与整体的有机结合。思想政治教育是一个完整的科学体系，其作用的发挥具有一种内在的整体机制。在评估中，教师要做到局部与整体的有机结合，对思想政治教育工作作出全面的评价。其次，评估工作既要充分估计社会环境对思想政治教育效果所产生的积极或消极影响，也要十分注意对思想政治教育活动中的各个环节和各种影响作出分析与评价。最后，系统性还表现在评估工作的层次上。思想政治教育评估总是针对一定的对象展开的，组织的系统与子系统之间，群体与个体的对象之间，都存在着不同的层次差别，评估工作应根据不同的评估对象设计评估要求和指标，只有这样，评估才切合实际，具有针对性和可行性。

总之，思想政治教育工作者只有很好地把握上述特点，才能有效地开展评估工作。要提高思想政治教育工作的效果，开创工作的新局面，必须建立、健全有中国特色的、高效率的运行机制。只有这样，思想政治教育才能落到实处。

第三章　新时代高校思想政治教学体系的构建

高校思想政治教学体系是高校学生思想政治教育的一个理论性和实践性紧密结合的课程体系。教学体系是一个有机的整体，学界一般从广义、狭义的角度来对其加以定义。广义的教学体系一般指教学中各个要素组成的相互联系、相互制约的有机整体，包括目标、内容、管理、保障、评估等几个子体系。狭义的教学体系是指"教学的内容体系，即围绕专业人才培养方案，在制定教学计划时，通过合理的课程设置和各个教学环节的合理配置，建立起来的与理论教学体系相辅相成的教学内容体系"。思想政治理论课的教学体系既符合教育的一般规律，又呈现出独特的内容。这里论述的主要是狭义的思想政治理论课教学体系。

第一节　新时代高校思想政治理论教学体系的构建

一、新时代高校思想政治教育理论体系构建中存在的问题

（一）理论与实践无法契合

高校教育最主要的任务是"立德树人"，除了对学生的专业知识与专业技能进行培养与教育外，还要确保当代高校学生做到能力与道德的全面发展。但是在社会经济快速发展的今天，部分错误的思想影响高校的建设。当代高校学生的培养具有实用性的要求，因此高校并不排斥当代高校学生通过自身的能力与专业知识获取报

酬，并且鼓励高校学生学以致用，利用自己在所学习的知识与技能积极参与就业创业。但是党和国家鼓励的是正当得利，是希望高校学生在获取经济利益的同时能够实现自我价值，不能损害他人和公共的利益。目前一些学校将学生的就业率、毕业率作为评判教师和院系教学成绩的重要指标，导致一些院系和教师不得不将开展思想政治教育的时间用于提高学生的就业能力。高校对于就业率的过分重视逐渐导致了高校教育的功利化，这与高校教育"立德树人"的任务和初衷是相违背的，同时也严重阻碍了高校思想政治教育工作的开展。

（二）师资力量薄弱

无论是思想政治教育体系的建设，还是思想政治教育课程的开展，都需要具备专业知识与专业素养的教师作为引导者和组织者。但是从当前我国思想政治教育体系建设现状来看，一方面我国现有的思想政治教师的数量并不能完全满足所有高校思想政治教育体系建设、思想政治课堂开展的需求，部分高校仍然存在其他科目教师兼任思想政治教师的情况；另一方面，现有的思想政治教师的专业素养与专业技能无法满足新时代学生的思想政治教育要求。具体来说，我国高校思想政治教育体系建设中师资力量的薄弱主要体现在以下几个方面：首先，一些思想政治教师没有充分认识到思想政治教育的重要意义与价值，大部分时间用于科研和行政工作，从而忽略了思想政治教学准备工作，既不能保障自身的思想政治水平与时俱进，也不能掌控课堂节奏，导致思想政治课堂教学效率低下。其次，现有的思想政治教育师资力量仍然以高校为单位，处于高度分散的状态，在课程设计、教材编写等方面上不能形成合力，造成了有限的教学资源的极大浪费，无法实现思想政治工作经验和教学资源的高效共享与利用。

（三）教师思想政治教学理念陈旧

在高校思想政治课堂教学开展的过程中，其有效性和多元化决定教学理念和方法，教师在教学过程中所呈现的教学理念能够指引教师实施正确的教学方式。就目前来看，很多教师的教学理念较为落后。尤其是在当前新课程改革不断推进的背景下，很多高校的思想政治教师并没有贯彻落实新时期课程改革要求，没有在教学过程中对教学方式和理念进行创新。这就导致在实际教学开展的过程中，很多教师仍然照本宣科，用较为死板、生硬的教学方式开展教学活动，这种教学方式与新时期的课堂教学不相符，难以吸引学生。

（四）学生精神面貌存在不足

对于具体的高等院校管理活动来说，如何保证学生具有良好的精神面貌，使学生在建设国家、实现人生价值这一宏伟目标的激励下保持积极的学习状态和昂扬的斗志一直以来都是高校精神文明建设的重要任务，也是高校在学生数年学习生涯中做好学生管理与服务的第一步。但是，由于部分教师对学生的思想政治教育停留在课堂中，忽略了课下与学生的沟通交流，包括肩负学生思想政治教育工作的高校辅导员，也将大量的时间用于日常学生管理工作，从而忽略了学生的思想政治教育工作，对于学生了解不够，缺少对学生精神面貌的引导。

（五）学生的学习目的较为模糊

在当前社会快速发展的背景之下，在给学生带来优异的生活条件和学习条件，能够给予学生发展机遇。但是，优越的物质条件也会使学生产生傲慢、目空一切的心理，这种情况在一定程度上也会对学校开展思想政治教育工作带来一定的挑战。如果不能及时对学生进行疏导和教育，容易导致其在思想道德价值观念方面存在问题。高校学生处于身心发展的关键时期，心理发展的不成熟会让学生出现心理素质较弱、自控能力较差的现象，由此会出现拜金主义。他们在学习的过程中所呈现出的努力程度比较欠缺，面对学习困难和挫折时表现出厌学、辍学的情绪，比较大的心理负担也会导致很多心理问题的出现。对此，在开展思想政治教育工作过程中，如果不能解决这些问题，帮助学生巩固教育成果，学生不能形成正确学习观，则阻碍学生思想政治素养的形成。

二、新时代高校思想政治理论教学体系构建的具体措施

（一）充分发挥课堂的主要载体价值

课堂教育模式仍然是目前最常见、成本最低、学生集中率最高的教育模式，因此在思想政治教育体系的构建过程中，高校要充分发挥课堂教育的重要载体作用，帮助学生树立正确的世界观、人生观和价值观。具体来说有以下几种做法：

首先，可以以学校的名义邀请具有正面效应的公共人物到校园宣讲。一方面，这些公共人物要在学生群体中有一定的知名度，能够广泛吸引学生，提高学生参与宣讲的积极性；另一方面，这些公共人物的整体形象和具体事例要能够体现出其正面品质，使学生通过参与宣讲活动能够形成积极向上的精神品质，树立远大的理想目标。其次，对思想政治课堂与教学模式进行梳理与整改。将思想政治课打造为一项专业课，同时加强对任课教师的培训，分批派遣思想政治教师到社会上进行调研，及时了解思想政治课堂教学效果，同时将课内与课外紧密联系起来，检验思想政治课堂教学内容在实际工作实践中的效果与作用。充分利用当地的思想政治教育资源，定期组织学生参观思想政治教育基地、烈士陵园等，让学生在参观和了解先进人物的优秀事迹的过程中，不断充实自己，提高自身思想道德品质。最后，要在学生群体中树立国家意识，鼓励、组织学生参加如国庆节、青年节等纪念活动，让学生通过切实的体验，受到思想政治教育。

（二）加强高校的校风校纪建设

高校思想政治教育体系的建设应该以学校的具体事务为载体，而学校的具体事务以学生的学习活动为主体，因此高校进行思想政治教育体系建设，就必须要做好高校的校风校纪建设工作。高校的校风校纪建设不是一朝一夕可以完成的，也不是某一个部门以一己之力就能完成的。因此，高校的校风校纪建设要建立起包括教务、学工、宣传等多个单位在内的校风校纪建设系统；充分发挥校园广播、学校报刊、校园论坛等多个平台与渠道在校园内发布消息的高效、便捷的优势，学生能够时刻感受到积极向上、勤奋刻苦的校园文化氛围，树立正确的学习目标。通过自身学习生活来践行思想政治教育理论。

（三）提高思想政治理论教学的能力

首先，要确立专门的思想政治理论课，设计相应的思想政治理论课课堂教学内容，进一步提高思想政治理论课教师的专业素养，对现有的思想政治理论课进行改革与优化，保证思想政治理论课课堂的教学效率。其次，教师要进行自我完善与提升，使高校思想政治理论教学体系的建设更加符合新时代背景下的价值观，拓展高校思想政治理论课的教学内容，高校思想政治教学方法更加多样化，将时代精神融入思想政治教学工作中，推出更符合当代高校学生心理特征和兴趣爱好的教学方式，在健全的高校思想政治教学体系的基础上，达到对学生的因材施教的目标。

综上所述，构建新时代的高校思想政治教学体系，一方面要充分吸取以往思想政治教育工作的有益经验，另一方面要充分结合时代精神，使思想政治理论教学体系能够与新时代的人才思想政治教育任务相契合，对思想政治教学体系建设的各个薄弱环节进行优化升级，增强思想政治理论课教学师资力量，充分调动学校、家庭、社会等多方面的思想政治教学资源。学生能够在整体氛围的影响下，树立正确的世界观、人生观、价值观，实现自我的不断完善。

第二节　新时代高校思想政治实践教学体系的构建

根据高校思想政治教育工作指引，强化高校学生思想政治教育工作中的体系建设，是现代高校思想政治教育工作发展的重要方向。通过建设高校思想政治教学体系，可以丰富思想政治教育工作内涵，提升工作层次和工作水平，减小思想政治教育阻力，创新教学模式和教学路径，提升高校学生思想政治教育工作的实效性和针对性。高校思想政治实践教学体系的构建是高校思想政治教学体系构建的一项重要内容。

一、当前高校思想政治实践教学存在的问题

（一）高校对思想政治实践教学的重视不足

高校思想政治实践教学的地位和作用已得到认同，但在实际教学过程中因各种原因不能很好地进行，可见高校思想政治实践教学没得到应有的重视。一方面，"重理论，轻实践"的传统教育观根深蒂固，受这种传统观念的影响，思想政治教育工作者把理论知识的传授作为日常教学的重心，在思想政治理论知识的研究和教学上投入了大量的时间与精力，而无暇顾及实践教学活动，思想政治实践教学面临被边

缘化的危险。另一方面，实践教学缺乏相应的配套经费。由于近年高校扩招，学生人数持续增加，学校在进行建设规划时会优先考虑理论教学所需，而对于实践教学所需的场地、设施等考虑得相对较少。这些都制约了思想政治实践教学的顺利开展。

（二）实践教学形式单一

部分高校思想政治实践教学没有严格按照教学规范去落实，实践教学形式呈现单一化倾向，部分教师经常采用一种或几种简便易行的教学方式。例如，课堂讨论、听报告等，单一的实践教学很难达到良好的思想政治教育目标。一个完整的思想政治实践教学过程包括三个阶段：活动准备阶段、活动实施阶段和考核评价阶段。三个阶段缺一不可，缺少其中的任何一个阶段都不能称其为完整的实践教学过程，更无法达到思想政治实践教学的目标。有学者研究发现部分高校对思想政治实践教学过程的考核评价阶段重视不够，即缺乏对学生参与的思想政治实践教学进行科学、及时、全面的评价，其原因是评价的标准较难确定。这样导致思想政治实践教学在实施过程中，有形无实，且缺乏必要的完整性，进而影响到思想政治理论课的教学效果。

二、高校思想政治实践教学体系构建的目标

（一）实践教学的知识目标

知识传授是思想政治理论课教学的基本内容，是实践教学的基础环节，也是培养学生能力目标和思想目标的起点。实践教学的知识目标不同于在理论教学中学生对知识、概念、原理等记忆，更重要的是在社会实践中对其深入理解、掌握和运用。在实践教学中，思想政治理论课中属于工具性的知识，帮助学生认识问题、解决问题；思想政治理论课中属于常识性的知识，在实践教学中能帮助学生拓宽视野，了解常识与常态，对社会大环境有更好的认识和思考。另外，思想政治理论课中的专业知识在实践教学中能将理论进行转化，有助于学生拓宽视野，在解决问题时有助于触类旁通。理论在社会实践中往往会遇到一些复杂多样的问题，因此需要借鉴不同类型的知识进行解决，学生要学会融会贯通。特别是思想政治理论课中理论性很强的问题更需要学生在实践中进行形象认知。

因此，高校学生在实践教学过程中可以通过实践操作、现场观摩等方式体验教材中的理论知识，弄清各种知识的来龙去脉。总而言之，就是要通过实践让理论知识在教学过程中还原，让学生切身体会到知识的生成过程。这就需要学生在实践活动中善于运用调查研究的方法，通过接触社会、了解国情、社情，客观进行分析，比对理论，深化对理论的掌握，并且对理论进行反思。

（二）实践教学的能力目标

在实践教学知识目标之上的是能力目标。高校思想政治理论课实践教学要帮助学生完成从教材到现实，从课内到课外，从理论到实践的发展，使学生通过实践教学提高运用马克思主义理论认识、分析和解决现实问题的能力。学生不仅有"鱼"，而且会"渔"。

在实践教学中锻炼学生对政治理论的实际应用能力。学生学会将理论与社会实际联系起来，用所学的理论解释实际问题、解决实际问题。当然，在实践教学中还能锻炼学生的拓展能力，包括终身不断学习的能力。另外，思想政治理论课实践教学锻炼学生的综合素质能力的内容极为丰富，包括基本公民道德，符合时代要求的思想政治素质，良好的身体心理素质，遵守职业道德规范，等等；爱岗、敬业、忠诚、奉献，有强烈的职业责任心，严谨求实的工作作风，遵守职业道德规范、安全规范等职业素质。随着科学技术发展的日新月异，高校学生还要具备积极进取精神，以及不断学习，钻研新业务的意识。

在实践学习过程中，学生能实现从理论到实践再到理论的飞跃。他们不仅在实践中潜移默化地掌握理论，更能在实践中开拓反思与创新的新天地。学生在实践教学中能接触不同的事物，涉足多方面的领域，学习和掌握一些技术和技巧，并积累一定的实际操作经验，这对培养学生的组织能力、表达能力、辨别能力等都大有裨益。因此，实践教学中的实践不仅仅是思想政治理论知识的狭义实践，更是丰富多彩生活的广义实践。

（三）实践教学的思想目标

高校思想政治实践教学的终极目标是提升学生的思想境界，培育其正确的世界观、人生观和价值观，也就是说，思想政治实践教学要更加凸显"德性培育"，这是思想政治实践教学最为突出的目标。因此，高校思想政治理论课绝不是仅仅让高校学生接受知识,而是培育其高尚的道德情操,造就良好的德性。因此,实践教学不能仅仅是通过一系列的实践环节验证知识,更多的是要经过实践教学环节,让学生在实践中获得课堂、课本上所无法获得的知识。因此,思想政治实践教学更突出对高校学生世界观、人生观、价值观的培养。特别是在当前多元文化交叉共存,多元价值观相互影响的新环境,高校思想政治实践教学对培养高校学生的社会意识、文化自信和理想信念起到重要作用。

三、高校思想政治理论课实践教学体系构建的要求

高校思想政治理论课实践教学体系的构建离不开理论教学,二者在教学内容上的有机融合、在教学模式上的协调互动、在教学功能上的优势互补,从而实现理论教学与实践教学的一体化,这是思想政治理论课丰富和发展的必经之路。

(一)理论教学与实践教学的融合

思想政治理论课的理论教学是通过课堂讲授的形式,向高校学生传授马克思主义理论、中国特色社会主义理论体系的知识,培育社会主义核心价值观的过程;实践教学是通过一定的课内、课外形式,结合当下社会现实和学生实际,组织学生体验、参与具体社会实践的教学过程,加深学生对马克思主义理论的理解和认知,培养学生观察问题、解决问题的实际能力。

因此,理论教学和实践教学的融合是实现知识与能力的有机结合,在教学内容上二者的有机结合表现在以下几个方面:一是理论教学的内容要得到实践成果的印证。理论教学内容以教材为准,但又不能完全照抄照搬教材,在具体教学过程中需结合社会现实和学生的实际来展开。教师在课堂讲授中既坚持理论主线,又引用大量案例予以印证,既有吸引力,又有说服力。二是实践教学内容坚持科学理论的指导。高校学生的思想、心理尚未完全成熟,对社会现实的认识能力有限,在参与社会实践时存在一定的盲目性。实践教学内容应紧紧围绕课堂理论教学内容,在科学理论的基础上,选择高校学生困惑或有认识误区的教学主题,引导他们带着问题参与实践,在实践中学习运用马克思主义理论认识、分析、解决问题,从而进一步建立对马克思主义理论的正确认识。

（二）理论教学与实践教学的协调互动

思想政治理论课的理论教学多以课堂教学为主，教师在固定的时间和地点讲授理论知识，这是高校学生最熟悉的思想政治理论课的课堂模式，但这种课堂教学模式的教学效果欠佳；而实践教学既有课内实践教学，也有课外实践教学，其主要是学生参与体验不同类型的实践活动，学生成为真正的学习主体。这种理论教学与实践教学的协调互动是高校学生虽然不熟悉，但喜欢的教学方式。

理论教学与实践教学的优化整合带来的是课堂理论教学与实践教学的紧密结合，以服务于理论教学的教学模式从而激活课堂。传统课堂上的全盘理论灌输的教学模式逐渐被摒弃，教师在课堂上根据教学内容组织如案例讨论、情景展示、比赛活动等课堂活动，在有限的课堂教学时空里注入动态的教学要素，引导学生积极思考、主动参与，改变课堂教学的单一和乏味，有利于提高理论教学效果。课外实践教学积极配合理论教学，拓展理论教学。高校通过建立思想政治理论课实践教学基地，开展校地合作、校企合作、组织各类高校学生社会实践活动等形式，将动态实践教学从课内移至课外，带领高校学生走向广阔的社会，以活生生的现实和亲身体验让理论知识走进高校学生的内心，激发学生对现实的观察和反思。

（三）理论教学与实践教学互补优势

思想政治理论课的理论教学和实践教学各具不同功能，在教学过程中要实现高校学生对马克思主义理论学习的"入脑、入心"，需要二者共同发力，形成互补。首先，理论教学与实践教学的结合，发挥主体效应，促进高校学生对马克思主义基本理论的主动认识，做到对马克思主义理论的真学、真懂。其次，理论教学与实践教学能为高校学生提供坚实的马克思主义理论基础以及将其运用于实践的机会和平台。学生通过主动参与、亲身体验，提高对马克思主义理论知识的运用能力，在对马克思主义理论的情感认同的基础上，最终实现对马克思主义的理论认同。再次，理论教学与实践教学的有机结合，在通过实践对理论的检验、促进之后，学生对马克思主义理论学习的真心喜爱，最终实现对马克思主义的真诚信仰。辩证唯物主义认识论认为，从实践、认识、再实践、再认识，这种循环往复以至无穷的形式是认识的逻辑路径。思想政治理论课的理论教学与实践教学相结合，正是遵循认识论的这一规律，以促进高校学生在马克思主义理论学习中从真学、真懂到真用，最终实现真信，从而树立坚定的马克思主义信仰。

四、高校思想政治理论课实践教学体系构建的主要内容

习近平总书记在全国高校思想政治工作会议上的讲话中指出："教育强则国家强。高等教育发展水平是一个国家发展水平和发展潜力的重要标志。"高校思想政治理论课通过开展思想政治教育、党的理论和党性教育、道德教育和法治教育，对高校学生进行思想教育，对培育和践行社会主义核心价值观、贯彻落实"四个全面"战略理念，正确认识实现中华民族伟大复兴的历史使命等具有重要作用，这是关乎高等教育人才培养的重要内容。思想政治理论课的实践教学体系也需要围绕这个目标进行建设。

（一）实践教学管理体系的建设

从总体上讲，思想政治理论课实践教学管理体系建设目前已经得到普遍的认可，但操作层面不尽如人意。所以，从学校层面，加强对实践教学的管理非常重要。实践教学管理体系的建设要做到以下几个方面：

第一，制定规范化的实践教学管理制度。建立实践教学的总体性制度，规定实践教学课时分配、学分划分、课程开设、机构设置、教学监控、教学考核等。随后依据总体性制度修订和完善各个实践教学环节的管理制度。在完善各个实践教学环节的管理制度时，要注明管理细则，制定可操行的管理标准，便于对各种违规行为起到约束、控制作用。最后，制定实践教学管理文件，包括大纲、计划、课表、指导书等。这些都属于纲领性文件，在教学中起指导作用。这些实践教学管理的纲领性文件由校内和校外专家共同制定，以统筹实践教学的校外、校内管理，确保管理的全面性、科学性。

第二，在校（院）级设立实践教学管理者层，主要负责学校整体层面的决策、组织、指挥、协调与监督，拟定指导性意见与制定质量考核标准，负责学校机构内相关人员的任免，对实践教学实行过程控制。教务部门积极配合上级并做好与中间管理层的协调沟通，根据上级作出的重要决策与传达的重要精神，细化并制定具有操作性的管理制度；指导思想政治理论课教学部门制订各类实践教学计划，实施方

案，协调教学资源在各个院系之间的分配，提高资源利用率，优化管理效益；组织专家学者做好对各个院系思想政治理论课实践教学的考核工作，并将考核结果反馈给学校思想政治理论课教学部门与各个院系，以便调整实践教学计划，根据考核结果做好激励与惩罚工作。实践教学具体的管理层是思政理论课教学部门与各院系，负责根据校级管理层的决策，结合各专业特点特色，制定各专业的实践教学目标、教学计划及实施方案，并联合实践基地的校外导师对实践教学工作进行监督、考核。这也是符合思想政治理论课与"专业学习同向同行"的要求。实践教学的具体落实和实施主要由思想政治理论课教师与各专业的学科带头人负责，根据上级精神制订本专业各个实践环节的具体实施计划，及时向上级汇报实施情况，并做好反思、总结工作。

第三，完善实践教学监控机制。在烦琐的实践教学管理中，监控机制可以说是其中的关键一环，高校通过密切监督教学运行情况可以随时发现问题，从而调整、完善教学计划和教学方法，以实现预期目标。实践教学还应当建立实践教学激励机制，改变学校对思想政治课重视程度不够，实践教学处于边缘地位的现状，为此需要重新调整师生认识，运用适当的激励措施鼓励师生主动参与实践教学。

（二）实践教学方法体系的建设

思想理论课实践教学方法是根据实践教学的目标，落实实践教学要求，实现实践教学效果的重要手段，它是教学质量的重要保障措施之一。正确、科学、合理的教学方法能够顺利实现教学目的，充分优化教学结构，不断提高实践教学质量。

教师在思想政治理论课实践教学中应根据实践教学的内容、教学对象和教学环境，充分利用教学条件，能动地运用实践教学方法。例如，在"马克思主义基本原理概论"课中，问题导入的教学方法在实践教学中具有启发式教学的特点，这种方法能充分发挥学生的主体作用，让学生回归实践教学的阵地；又如，"思想道德修养与法律基础"课程的操作性教学法是实践教学中对理论的反复运用，对方法的反复推敲，落实从"知"到"行"，最终实现真正的"知"。另外，发展性教学法、范例教学法、合作教学法和团队教学法等都是实践教学中经常采用的方法。

需要指出的是，教学方法是不断发展变化的，因此要积极处理好以下几个关系：教学目的与学生个性的关系、教学内容与教学手段的关系、方法的既定性与教学过程的不确定性之间的关系、教学策划与学生认识程度的关系、继承传统优秀教学方法与创新的关系、课堂教学方法与课外教学方法的关系。

（三）实践教学过程体系的建设

实践教学是一个持续性的教学活动，从实践教学的开始就一直呈现过程性的特点，从唯物辩证法的角度讲，甚至可以说实践教学是一个没有终点的教学过程，因为从理论到实践，再升华到理论、再回归实践是一个循环往复的过程。因此，重视实践教学过程体系的建设是正确把握实践教学的特点，正确采用实践教学方法的重要依据。

实践教学的过程体系包括以实践教学的目的为指导，从实践教学的整体性出发，制定的实践教学大纲、落实实践教学内容、灵活运用实践教学的方法，层层推进，分步落实，一定要把实践教学作为一个整体性、动态性的内容推进，重视过程性的表现和评价，不能将最终的实践教学结果作为唯一追求的目标和评价的指标，避免陷入功利主义的陷阱，或者只停留在完成实践教学任务的表面层次上。实践教学的结果固然重要，但实践教学过程中的思考、收获甚至教训都是实践教学的成果，有些教训甚至是激励师生更加深入研究的动力。因此，思想政治理论课的实践教学的动态性特征决定了实践教学的常教常新，这也是思想政治理论课永葆生机与活力的重要保证。

（四）实践教学评价体系的建设

构建思想政治理论课教学评价体系对高校思想政治理论课、高校教师和高校学生来说都是极其重要的。它是提高思想政治理论课实践教学的实效性，促进教师业务能力的提高和高校学生综合素质的提高的重要途径。

在构建实践教学评价体系过程中必须遵循科学的原则，指导实践教学，包括导向性原则、科学性原则、系统性原则、可操作性原则、实效性原则。总的来说，在对实践教学进行评价的时候，要坚持真理目标和价值目标的统一；阶段目标和终极目标的统一；检验学生对理论的认知、对理论的运用能力和检验学生发现与解决新问题、创新理论发展能力的统一。

实践教学评价主体应该多元化，其主要由实践教学指导小组、学生、指导教师、同行、专家等组成。高校学生是思想政治理论课实践教学活动的主体，涉及他们的评价包括三方面：对教师的评价、自我评价、同学互评。教师是实践教学的组织者和实施者,他们根据评价指标,对学生参与实践教学活动的态度、表现及效果等进行综合评定。对教师的教和学生的学进行评价是思想政治理论课实践教学管理部门的重要职责,这体现了理论教学与实践教学的有机结合。

从宏观的角度看,实践教学评价客体包括主管部门对实践教学的重视程度、资金投入、教材建设和教学手段、教学人员的实践能力和学生实践能力等。从微观的角度看,评价客体则包括学生和教师,其指标有所不同:对学生评价要坚持知识与能力、过程与方法、情感态度价值观"三位一体"评价;对教师评价从组织能力、管理水平和业务素质进行评价。

对实践教学活动进行动态跟踪和评价可以有效调控整个思想政治理论教学的过程。首先,实践教学的评价能够为思想政治理论课教师制订实践教学计划、目标,确定教学内容,选择教学方法等提供客观依据。其次,教学主管部门根据评价结果采取奖励和处罚措施,能够鼓励学生积极参与实践活动,进而对思想政治教学起到引导、调节和推动作用。

构建和完善实践教学评价体系要注意以下几点:第一,实践教学评价体系要具有可操作性;第二,实践教学评价体系能够全面反映学生在实践活动中的表现,并对其进行客观公正的评价;第三,实践教学评价体系要具有导向性,能够正确引导学生。

思想政治理论课实践教学的评价体系作为实践教学体系的重要内容具有督导和激励作用,在实践教学评价体系的作用下,实践教学的推进将更加有保障,其教学效果也会更加有保障。

五、高校思想政治实践教学体系构建的方法

以人为本是现代社会一个重要的理念,作为育人工程的高校思想政治教育自然要严格贯彻、体现这一时代理念,切实做到以学生为本。

在当今时代,学生群体出现了多样化趋势,学生的学习能力、学习兴趣等方面的差异也日益显现。因此,尊重学生个体差异,满足不同学生群体的学习需求就成了培养应用技术型人才的关键,也是提高实践教学质量、构建完善实践教学体系的保障。因此,高校在构建实践教学体系时,应该全面了解受教育对象的个性、能力

差异，并且将学生群体按照一定的标准划分为几大类，因材施教。另外，坚持以学生为本原则进行实践教学体系的构建，还要求高校在实践教学中以全面提升学生综合素质为目标，按照学生差异化的需要设计多层次的教学内容，完善教学环节、丰富教学方式方法。

在这样的原则指导下，实践教学体系的构建要紧紧围绕学生的需求，将培养学生良好的思想政治素养和提高其社会实践能力作为导向，探索既按课程类别进行"分层模式"构建，又按课程目标进行"集中"构建的方法。

（一）"分层模式"构建

所谓"分层模式"，就是以现有的思想政治理论课为基本框架，根据每一门课的特殊性，设计针对性较强的社会实践教学模式，以社会实践的方式、内容等方面突出具体课程的特征。

例如，"思想道德修养与法律基础"是规范日常思想行为的课程，这是思想政治理论课中的基础课程。其实践目的是强化和优化学生的思想道德观念和法律意识。采用"学生实践手册"的方式，要求学生实践"五个一"工程：读一本好书，养成一个好习惯，做一次义工，组织一次法庭旁听，召开一次主题班会。"中国近现代史纲要"课的实践教学目的是通过对那些具有教育意义的历史事件和历史人物的介绍，对学生进行爱国主义教育，采取"办一份历史小报"和参观革命纪念建筑物的形式。"马克思主义基本原理概论"课的实践教学目的是提高学生自觉运用马克思主义的立场、观点与方法理解和分析现实问题的能力，因此采用朗诵、演讲等多种形式开展"我对马克思主义的认识"的大讨论。

（二）集中构建

所谓集中构建即根据思想政治理论课的具体内容和学生实际，进行实践教学。例如，"毛泽东思想与中国特色社会主义理论体系概论"这门课主要讲述马克思主义理论与中国革命和建设实践相结合的理论成果，在思想政治理论课教学中处于核心地位。学习这门课的学生已经进入大学三年级，他们比较深入、系统地学习了专业课程，掌握了一定的专业技能，对自己有了一定的了解，其职业理想越来越清晰，具备了解社会、奉献社会的理性认识，所以，"毛泽东思想与中国特色社会主义理论体系概论"实践课程可以设计两个部分：一是组织学生依托专业知识开展科技文化服务活动,如科技咨询、科技扶贫、法律咨询、理论宣传和创业实践等,把思想政治理论实践与专业实习相结合,专业性与思想性相交融,更好地促进学生的全面发展;二是专题调查,走访企业、农村,考察家乡或学校所在地区的经济社会发展的历史和现状等,加深学生对中国特色社会主义的认识和理解,坚定其立志成才、报效祖国的决心。在组织调查过程中教学部门与学校党团组织和学生工作办公室(简称"学工办")联合,安排专门的指导教师,对学生社会实践活动报告进行认真批改,并以优秀、良好、中等、及格和不及格评定其成绩,成绩及格(含及格)以上的学生即获得相应学分;指导教师从其负责指导的学生和批改的实践报告中按一定比例推荐,参与优秀实践报告评比活动。

第三节 新时代高校思想政治教学的组织与管理

思想政治理论课是高校德育的主阵地和主渠道,涉及高校各专业。其地位特殊,责任重大,影响广泛,对教学和教学组织提出了很高的要求。目前,全国高校基本建立了隶属学校的独立的思想政治理论课教学科研机构。中国特色社会主义进入了新时代,这对高校思想政治教学的组织与管理提出了新要求。下文以实践教学为例,来具体说明高校思想政治教学的组织与管理。

一、高校思想政治理论课实践教学的组织

高校思想政治理论课实践教学是高校人才培养中的一项重要的系统工程,需要政府、高校、社会齐心合力共同完成。只有充分发挥政府及相关职能部门、部队、群团组织和高校的合力,才能更加有效地开展高校思想政治理论课实践教学。下文从高校的角度出发,以高校层面为主,对思想政治理论课实践教学的组织进行探讨。

(一)思想政治理论课实践教学组织

1.思想政治理论课实践教学组织的含义

从广义角度而言,组织是指由诸多要素按照一定方式相互联系起来的系统。从狭义角度看,组织就是指人们为实现一定的目标,互相协作,结合而成的集体或团体。高校要坚持不懈地传播马克思主义科学理论,抓好马克思主义理论教育,为学生一生成长奠定科学的思想基础。而要抓好高校的马克思主义理论教育,不但需要高校继续加强思想政治理论课的课堂理论教学,让马克思主义理论真正进教材、进课堂、进学生头脑,也需要探索一条行之有效的思想政治理论课的实践教学途径,让马克思主义理论成为高校学生的行动指南、人生指引、坚定信仰。

思想政治理论课通过理论与实践相结合的方式,真正发挥思想政治教育的作用。为此,各高校应把思想政治理论课实践教学作为人才培养过程中的一项重要工作,把思想政治理论课实践教学真正作为高校人才培养体系的一部分。由高校领导及相关职能部门共同建立一个决策和组织管理机构,安排、统筹思想政治理论课实践教学的组织实施、经费保障、计划制订、考核体系等事项,把思想政治理论课实践教学上升到学校总体工作层面来安排。在顶层设计上,教育管理部门应当将思想政治理论课实践教学作为对高校办学水平和质量评估的考核指标,纳入高校思想政治教学评估体系;不宜将高校思想政治理论课仅仅作为一门简单的课程或一个知识层面的教学而孤立地安排评估。通过在高校的人才培养总体设计、规划中加入高校思想政治理论课实践教学的内容,将实践教学纳入高校思想政治理论课教学计划,对高校学生参加实践教学的目的、任务提出明确的要求。在更高的层面上,从更高的要求来看待高校思想政治理论课实践教学,让高校思想政治教育工作为培养社会主义事业合格的建设者和接班人真正发挥作用。

2.思想政治理论课实践教学组织主体

高校思想政治理论课要由学校党委直接领导,成立高校党委领导的思想政治理论课领导小组,统筹管理思想政治理论课理论教学与实践教学,特别是统筹推进实践育人的各项工作。思想政治理论课实践教学的领导管理机构应当由高校党委书记任组长,主管学生工作的副书记和主管教学工作的副校长为副组长,高校党委宣传部、教务处、学生处、校团委、马克思主义学院或思想政治理论课教学部负责人为领导小组成员。学校的宣传、教务、人事、财务、科研等党政职能部门和思想政治理论课教学科研机构共同落实好思想政治理论课教学、人才培养、学科建设、科研立项、经费保障、社会实践等各方面政策。小组成员既要有高校党政领导、教育教学专家、学者，又要有工作在一线的思想政治理论课任课教师和为学生服务的各相关部门的管理人员，还可以吸收一定数量的学生代表。通过小组成员的专业性和全面性为高校思想政治理论课实践教学的有效开展提供坚实的领导与管理保障。

（二）思想政治理论课实践教学组织机制

高校在建立了思想政治理论课实践教学的领导管理机构之后，要形成齐抓共管的长效工作机制。习近平总书记在全国高校思想政治工作会议上指出：办好我国高等教育，必须坚持党的领导，牢牢掌握党对高校工作的领导权，使高校成为坚持党的领导的坚强阵地。高校党委要保证高校正确的办学方向，掌握高校思想政治工作的主导权，保证高校始终成为培养社会主义事业建设者和接班人的坚强阵地。各级党委要把高校思想政治工作摆在重要位置，加强对高校思想政治工作的领导和指导，形成党委统一领导、各部门各方面齐抓共管的工作格局。对于高校而言，同样需要高校党委高度重视思想政治教育教学工作，重视思想政治理论课的理论教学和实践教学，在高校内形成党委统一领导、各部门各方面齐抓共管的工作格局。

（三）思想政治理论课实践教学组织方法

高校思想政治理论课教学体系有一定的特殊性，高校思想政治理论课内容包括思想道德理念、社会核心价值、行为规范准则、思想政治意识、经济文化生活等诸多方面，还涉及哲学、政治学、经济学、法学、历史学等学科。正是由于高校思想政治理论课内容的丰富多样性，决定了高校思想政治理论课实践教学组织方法的丰富多样性。在高校具体开展思想政治理论课实践教学过程中，要基于高校思想政治理论课各门课程的具体教学任务和目标，结合目前高校学生的思想实际、国际和国内形势、本地具体情况，充分利用各种实践教学资源来实现教学组织方法的丰富多样性。

1.多样性教学组织

思想政治理论课实践教学在学生的不同年级可以尝试运用多样性教学组织。根据学生的知识储备和实践能力的不同，可以分年级、分阶段、多样化地开展思想政治理论课实践教学。例如，大一新生刚进入大学校门，对学校环境还不熟悉，因此可以主要以课堂或校园为基地开展实践教学活动，如课堂案例教学、主题辩论赛、校内小组讨论等为主要形式的实践教学活动，在学习课程内容的同时逐渐了解、适应高校生活。各个高校可以根据自身情况进行差异化、多样化的思想政治理论课实践教学安排。有的高校在校内有德育基地、实践教学基地，因此可以围绕校内的德育基地、实践教学基地开展大一新生的思想政治理论课实践教学。

2.多样性教学方式

思想政治理论课以帮助高校学生提高思想道德素质，解决其成长成才中遇到的实际问题、增强社会主义法治观念为主要内容，高校学生可以通过研究分析身边的具体案例，关注和深入学习学生群体中发生的典型案例，观看法治节目等方式来了解自身的权利和义务，在日常生活中践行个人行为准则和社会公德。

（四）思想政治理论课实践教学组织系统化

1.教学计划

人才培养是高校的重要职能之一，高校的思想政治理论课实践教学要树立"素质本位"的实践教育理念，将思想政治理论课实践活动系统化，制定统一的实践教学大纲，制订统一的教学计划，明确实践教学的目的、要求、内容、方法等。马克思主义强调社会生活在本质上是实践的，实践的观点是马克思主义哲学首要和基本的观点，实践育人是马克思主义实践观在高等教育领域的直接运用。高校的思想政治理论课实践教学体现了马克思主义实践观，也是高校人才培养职能的充分体现。实践活动课程要列入教学计划和课程，分配合理的学时和学分。因为，只有把思想政治理论课实践教学纳入统一的教学大纲和教学计划，才能进一步避免实践教学过程中的盲目性和随意性，确保实践教学能够像理论教学一样有序进行，提高实践教学的教学质量。

2.教学课程

实践教学课程设置根据思想政治理论课的不同门类课程及学生不同年级的特点，可以分为三种主要类型：学科实践活动课程、社会实践活动课程和综合实践活动课程。不同门类的课程有自己独立的课程体系和要求，而学科实践活动课程正是适应这一特点而设置的。思想政治理论课的社会实践活动课程是以思想政治理论课中某一课程的学科基本理论或现象为载体的课程。其主要是通过实践活动，加深高校学生对该门具体学科知识的理解和体验，使之由感性认识上升为理性认识，验证理论的科学性,其表现出很强的现实针对性。如思想品德修养与法律基础课,可组织学生参加自律督导组织,巡视并评价校园存在的不文明现象;也可组织学生参加模拟法庭或模拟道德法庭活动等。

(五)实践教学资源

开展思想政治理论课实践教学,需要非常丰富的思想政治理论课实践教学资源作为支撑。思想政治理论课实践教学离不开一定的载体,也就是具体的实践教学资源。思想政治理论课实践教学作为思想政治理论教学中的重要组成部分,涉及范围广,需要整合实践教学的资源,形成系统性的设计与统筹,才能够真正发挥出思想政治理论课实践教学的育人功能。

1.整体规划思想政治理论课实践教学

目前高校五门思想政治理论课都可以开展相应的思想政治理论课实践教学。但是一定要做好实践教学的统筹安排和统一协调,在组织实践教学时不要各自为政。否则会出现重复内容、重复形式等浪费资源的情况,也不利于日常的思想政治理论课开展,不利于高校学生的学习与成长。高校学生是思想政治理论课实践教学的主体,是思想政治理论课实践教学系统中最根本、最重要的因素。高校思想政治理论课实践教学要以高校学生为核心,充分考虑高校学生的学习实际情况、接受程度、学习效果等因素,整体规划思想政治理论课实践教学,让高校学生能够从中有更多的获得感。

思想政治理论课程作为集中体现社会主义意识形态的课程,具有整合各门课程中思想政治教育因素的作用,其具有转化为受教育者的思想道德素质,促进受教育者思想道德素质发展的功能。要实现这一重要的功能,仅依靠一门或者几门思想政治理论课程是不能完成的。从思想政治理论课本身的课程功能来看,应将思想政治理论课程作为一个整体系统发挥其整体性功能。所以,思想政治理论课的实践教学也应该统一协调,作为一个整体来发挥其应有的教育功能。要从整体上规划设计高校开设的五门思想政治理论课的实践教学,要避免思想政治理论课实践教学的教师各自为政,实践教学的形式上或者内容上不能出现重复或者冲突、不合理的地方。例如,高校中的社团文化活动、重大庆典活动、纪念性会议都可与思想政治理论课程内容相结合,合理开发其育人功能。不能仅仅将这些活动作为单独存在的活动,而是要整合体现出思想政治理论课实践教学的教学目标。另外,不同专业的专业实习过程也可以发现其中与思想政治理论课程内容相匹配并具有思想政治教育价值的资源，为高校思想政治理论课实践教学所用。

2.充分利用网络资源

互联网具有覆盖范围广、传播速度快、互动性强等特点，在传媒领域发挥着越来越重要的作用，高校思想政治理论课实践教学也无法离开互联网。因此，思想政治教育工作者越来重视网络阵地，通过互联网传播提高红色资源的宣传力度。建设校园网络资源，充分利用互联网传播红色资源所包含的先进文化，使红色资源占领校园文化建设阵地；宣传确立网络传播的地位，使其成为推广校园文化的手段。首先，在学校网站中开辟红色资源专题，通过举办红色资源论坛，及时发布各种"红色之旅"信息，设立红色资源文库，举办知识竞猜问答等活动。其次，牢牢抓住马克思主义理论作为红色资源网络宣传的基础和出发点，主导校园文化的发展方向。再次，通过红色文化的宣传，增强高校学生对中华民族的认同感，促使他们自觉自愿地加入宣传红色文化队伍。最后，通过及时在网站上发布国家的重大战略举措和国内外的实时动态，利用红色文化的向导作用，在传播红色资源的同时，有力推进校园文化建设。

3.开拓校外实践教学资源

加强高校与地方、高校与企事业单位的合作，建立多种形式的思想政治理论课实践教学基地。建立思想政治理论课实践教学基地是保证思想政治理论课教学制度化、规范化、长效化的重要方式，双方本着合作共建、双向受益的原则，建立形式多样、相对固定的实践教学基地。同时，还要加强对已建成实践基地的管理，以保证基地发挥最大的作用。实践基地的建设与管理可以由政府相关部门和高校分别进行，共同建设。各地区、各部门应进一步理顺管理机制，加强内涵建设，提高服务质量，有效发挥实践基地汇聚人才、整合资源、示范辐射的功能。不断创新实践基地的功能，拓展实践的活动领域，力争将实践基地建设成为高校学生实践教育场所和产学研中心。可以在企业中建立高校学生实习基地，为应届毕业生提供社会实践场所，并提供就业岗位，提高学生的就业能力。

4.校内外相结合的教学模式

思想政治理论课实践教学应最大限度地为受教育者参与、接触社会创造条件。校外的思想政治理论课实践教学基地类型多样，实践活动丰富，能够吸引学生开展实践活动，但是部分校外实践教学基地在开展实践教学活动过程中存在一些问题。

例如，校外的实践教学基地的接待能力有限，教学场地有限，能够开展的实践教学方式和种类有限；部分实践基地距离高校比较远、组织高校学生赴校外实践基地的成本高、难度大等。因此，校外实践教学基地有其不可忽视的有利因素和优势特色，但也不能完全依靠校外实践教学基地开展思想政治理论课实践教学。实践教学过程中存在各种各样的实际困难，所以要采用校内外相结合的教学模式，将校外实践教学基地的优势和校内实践教学基地的优势结合起来，尽量避免校外实践教学基地的劣势和校内实践教学基地的劣势，最大限度地利用实践基地，把校外校内实践教学资源充分利用起来。

二、高校思想政治理论课实践教学的管理

高校思想政治理论课实践教学在帮助学生提升思想政治素质方面具有独特优势，但是要把这种优势发挥得恰到好处，对思想政治理论课实践教学进行合理管理就显得十分必要。下文从高校马克思主义学院或思想政治理论课教学部的角度，来探讨高校思想政治理论课实践教学的管理。

（一）高度重视高校思想政治理论课实践教学管理

高校思想政治理论课实践教学是一项涉及面极广的教学活动，其不仅需要思想政治理论课各教研室之间协调彼此的教学活动，加强管理，还需要学校各部门的大力支持和通力合作，思想政治理论课实践教学才能得以顺利开展和保证实效。具体做法有以下几点：首先，要加强思想政治理论课各教研室之间对实践教学的安排与计划。目前各高校基本上都是根据五门思想政治理论课设置教研室，各教研室在制订各自的课堂实践教学计划的基础上，还应该在充分讨论的基础上制订统一的课外实践教学计划。因此，马克思主义学院或思想政治理论课教学部在学期结束前，各教研室在充分讨论的基础上形成下一学期教研室的课外实践教学计划方案，马克思主义学院或思想政治理论课教学部再召开由各教研室主任参加的课外实践教学总体规划会议。各教研室根据总体规划再制订各自的详细的实践教学计划，包括组织者、时间、地点、经费、所需设备、注意事项等。在实际教学过程中，思想政治理论课教师必须严格按照事先制订的计划执行，作好每一次的活动记录和总结。

（二）健全高校思想政治理论课实践教学的领导管理体制

思想政治理论课实践教学是一项复杂的系统化工程，它不仅需要思想政治理论课教学部门的全员参与，还需要社会、家庭以及学校主管领导的高度重视，以及学校各相关职能部门提供支持与齐心合作。健全的领导机制和教学工作机制，能够为实践教学提供强大的组织保障。

1.领导管理体制常态化运作

目前，许多高校存在思想政治理论课实践教学保障机制不健全的问题，这导致高校思想政治理论课实践教学的效果比较有限。不少高校对实践教学环节缺乏足够的重视，每年的实践教学计划都是临时制订，难以做到规范化；教学课时的安排存在着流于形式的问题，或者用理论教学的学时占用实践教学的学时，或者只在上级有检查时开展实践教学，检查后则不再安排实践教学；也有一些高校或者没有安排思想政治理论课实践教学的专项经费，或者减少实践教学的经费开支，缺乏经费保障的实践教学在人、财、物的统一管理和使用上都面临很大的困境；实践基地疏于管理也成为制约保障机制发挥效果的重要因素，许多实践基地的教育管理处于非正规状态，活动开展时，校地双方保持联系，一旦活动完成则双方的联系减少甚至中断；考核评价体系能够客观、准确地反映实践教学的效果，当前的实践教学依然缺乏对教师及受教育者进行有效评估，沿用对理论知识的机械记忆的考核方式。以上问题反映出高校实践教学组织机构保障机制有待进一步健全。

2.规章制度形成保障机制

思想政治理论课实践教学是一个较为复杂的教学过程，其顺利开展及有效执行需要一套完整的规章制度提供制度保障。当前，部分高校实践教学效率低的一个重要原因是制度设计的缺失或滞后。因此，健全的规章制度和严格的管理是思想政治理论课实践教学规范化、制度化、科学化的有效保障。虽然有些高校积极探索制定思想政治理论课实践教学的规章制度，然而制度的执行与制度的制定相脱节成为实践教学低效甚至失效的原因。制度制定出来后，相关管理者和执行者或缺乏执行的力度或者不执行，制度流于形式。思想政治理论课实践教学所特有的教育性、组织性、社会性和参与性等特征决定了实践教学制度安排的灵活性、针对性与可操作性。

3.实践教学经费支持保障制度

高校思想政治理论课实践教学经费是教育者和受教育者走出校门，进行实践教学课题研究、实践教学基地建设、实践教学评优评先的必要保障。虽然教育部和相关部门下要求各高校安排实践教学的专项经费,但是不少高校或者并未安排实践教学的活动经费,或者安排的经费有限,从而导致实践教学经费保障不力。经费的安排和支出已经成为影响各高校有效开展思想政治理论课实践教学的主要因素之一。实践教学活动的经费应保证专款专用,同时学校领导和思想政治理论课教学部门可以通过上级专项拨款获得实践教学的经费;也可以通过与企事业单位共建,与实践教学基地"互惠互利"等方法筹集到实践教学的部分经费。实践教学经费包括以下几个方面:实践教学活动经费,包括思想政治理论课教师的差旅费、社会考察活动经费,组织高校学生参观考察、寒暑假实践教学的资助经费;实践教学课题研究经费,包括实践教学手册或相关研究论著的出版及印刷费用,实践教学数据资源库的建立和更新经费;实践教学基地活动费用,包括教育者与受教育者的住宿餐饮费用、活动考察经费等。缺乏经费保障的实践教学则在人财物的统一使用和管理上都面临很大的困境。经费支持可以改变实践教学基地建设不稳定的情况,从而避免实践基地在活动开展时校地双方保持联系,一旦活动完成则双方联系减少甚至中断的情况。

(三)规范高校思想政治理论课实践教学的管理模式

高校思想政治理论课实践教学是一个系统工程,它不是仅依靠思想政治理论课教师、思想政治理论课实践教学指导教师或者马克思主义学院(思政部)就能够实现有效的实践教学管理的。如果实践教学缺乏相应的组织保障和合理的管理模式,面对众多的实践教学对象,单纯依靠数量有限的思想政治理论课教师去指导学生实践活动,是难以有效组织实施实践教学,建立起运转灵活的思想政治理论课实践教学管理体制的。高校要把思想政治理论课实践教学纳入教学管理和行政管理的双重轨道,在管理机制上协调配合,实现整体育人。

(1)建立完善的思想政治理论课实践教学领导机制。高校应该按照分工协作的原则和工作的需要设立实施机构,建立相应的工作制度,确保活动顺利开展。思想政治理论课实践教学需要学校有关部门加强协调。成立由学校党委书记牵头,主管教学的副校长,教务处、教学督导处、科研处、团委、宣传部、马克思主义学院(思政部)等部门领导组成的领导小组,对思想政治理论课实践教学总体规划、科学指导和监督,及时解决社会实践活动中出现的问题,出台相应措施,促进社会实践各个环节、各项内容的协调发展,使思想政治理论课实践教学健康有序进行。

（2）建立规范的思想政治理论课实践教学管理机制。实践教学管理领导小组下设办公室，具体实施其管理机制，把思想政治理论课实践教学纳入高校的人才培养方案，落实到教学计划中。高校人才培养方案要对思想政治理论课实践教学的指导思想、方针原则、目标效果、形式要求、方法途径、时间规定、成绩考评、工作量计算、奖励办法、组织领导等作出明确规定。

（3）建立有效的思想政治理论课实践教学指导机制。思想政治理论课实践教学要具有科学性、针对性、实效性，思想政治理论课教师结合思想政治理论课教学大纲实践部分和实践教学的主题，提出若干课题，为学生提供参考和指导。高校思想政治理论课教师还通过课堂教学、举办专题讲座，教育学生提高对实践教学意义的认识，了解实践教学的内容，对实践教学的课题选择、技能要求、调查方法、论文撰写等进行指导。

（四）思想政治理论课实践教学的相关文档管理与运用

在高校思想政治理论课实践教学的整体过程中，会产生大量的文档资料。对于高校马克思主义学院或思想政治理论课教学部而言，思想政治理论课实践教学所产生的教学档案是产生于教学活动的档案，教学档案管理是院系教学管理工作的重要内容。这些文档资料记载着高校学生开展思想政治理论课实践教学的过程，记录着高校学生参加思想政治理论课实践教学的点滴。其主要内容包括：实践教学大纲、实践教学计划和马克思主义学院或思想政治理论课教学部实践教学工作总结、实践教学任务书、实践教学指导书、学生实践报告、考核表、教师总结、校外实践教学基地简介和协议书等资料。这些教学资料对高校的日常教学工作和高校今后的发展至关重要。看似平常的教学资料，如果不注意日常的积累和有效保管，日后补充或者寻找就需要耗费大量的人力、物力和时间成本。国家高度重视高校的教学工作，教育部的本科教学工作合格评估和水平评估工作中就包括对高校日常的各种教学档案管理的考察。因此，思想政治理论课实践教学的相关文档管理是一项非常重要的工作，它需要日积月累，需要耐心细致地管理，需要一点一滴地积累。

1.当前高校思想政治理论课实践教学文档管理存在的问题

第一，管理手段比较落后。一些高校在日常思想政治理论课教学文档管理过程中，管理手段还比较落后。对实践教学的文档管理比较随意，特别是一些高校的思想政治理论课实践教学档案仍处于教师手工处理的阶段，如果对思想政治理论课实践教学产生的教学档案进行归档，相关工作人员要对各教研室报送的学生实践教学原始材料进行整理，按学号从小到大排序，按照班级编制目录，装订成册、分类、装盒、上架，其过程繁复，耗时耗力。随着现代化管理技术和设备的引进，特别是计算机、光盘、大容量存储设备、多媒体等技术的发展为文档管理的现代化提供了良好的技术条件。第二，思想政治理论课实践教学相关档案保存手段陈旧。虽然思想政治理论课实践教学档案大都属于短期保存，但是随着高校院系教学规模的扩大，或者各校区间的教学运转，仅历届学生提交的实践教学报告等原始教学档案材料就堆积如山，因此如何有效地保管这些教学文件和资料是一个非常重要的问题。以往传统的文档管理方式是档案收集整理后存放在马克思主义学院的资料室、档案室，或者存放在学校教务处的相关资料室内。但是，随着高校学生参与实践教学的人数增加，思想政治理论课实践教学的深入，思想政治理论课实践教学过程中产生的相关纸质教学文档会越来越多，其存放和保管逐渐成为一个较难解决的现实问题。第三，对思想政治理论课实践教学档案的开发和利用不足。由于马克思主义学院或思想政治理论课教学部作为高校的二级单位，其教学管理人员的数量普遍比较紧张，对于很多高校而言，思想政治理论课实践教学档案的管理工作一般没有专人进行有效管理。传统的纸质档案查询、使用的过程手续烦琐，兼职或临时参与此项工作的工作人员很难有大量的时间和精力用于此项工作。海量的教学原始档案因此被束之高阁，无人问津。这些教学资料有着比较重要的再利用价值。但是其自身的价值无法有效利用起来。依据目前的技术水平，高校思想政治理论课实践教学的各种纸质资料只有通过电子化保存的方式，才能真正实现实践教学资源的价值和使用价值。电子化保存的实践教学资料能够为今后思想政治理论课实践教学的发展和科研提供有效的支撑，能够为今后思想政治理论课实践教学科研提供有效的原始数据和资料支持。

2.建立电子档案管理制度

高校应该由上至下建立起统一的电子档案管理制度，统一规范电子档案的制作、收集和归档的方法、程序、时效等，定期整理、分类归档、专人负责、妥善保管，避免因机构改革、个人工作岗位调整、所用计算机更换、工作移交过程中的疏漏等原因引起的电子档案历史资料的遗散，确保思想政治理论课实践教学的各项历史档案资料的完整。在信息化的时代，思想政治理论课实践教学的相关文档也必然要进入数字化发展阶段，以数字化采集技术为手段，以档案业务管理系统为依托，向实践教学档案电子化管理发展是必然趋势。因此，高校要增强做好电子档案管理的责任感和紧迫感。

3.建立电子档案应用共享平台

高校可以尝试建立电子档案应用共享平台，可以在校园内部的局域网服务器上开辟专区，为马克思主义学院或思想政治理论课教学部建立档案目录，目录下按时间顺序存放思想政治理论课实践教学的相关电子档案资料。共享平台按级次设置查询权限，以供今后的教学科研工作者查询，促进整体工作效率的全面提高；或者可以依托网络、计算机等专业，开发一套网络管理平台，在该平台的各项功能模块中，尝试实现思想政治理论课实践教学文档管理一体化的需求。学生可以提交实践教学电子版文档，通过平台自动生成 PDF 格式文件，学生提交 PDF 格式文件后系统立即发送提醒邮件到相关人员的信箱中，提醒管理人员关注。管理人员在自己的权限内可对实践教学报告申请进行驳回、通过或删除等操作。待管理人员审核通过后，文档锁定并上传到数据库中，同时系统发送审核结果的短消息到学生的邮箱，学生也可以在自己的界面内随时查询审核结果。数据库内的电子文档则按文件类型建立相关目录，并对文件自动编号。网络管理平台把原教学文件管理和后续档案管理纳入一个统一的系统，使电子文件产生过程可以与档案工作紧密衔接，实现实践教学相关电子文档一体化管理；或者还可以尝试建立专用网站，通过专用服务器，保存电子化资料。还可以尝试引入专业的文档管理系统来进行专业化的实践教学电子资料的保管与利用。

4.积极培养实践教学电子档案管理技术人员

培养实践教学电子档案管理技术人员主要有以下几点做法：一是要吸纳专业人才充实马克思主义学院或思想政治理论课教学部的人员队伍，如引入计算机专业人才，此类人才可以经过短期专业培训就基本能够达到思想政治理论课实践教学电子档案管理工作的需要。此外，引入专业的档案管理人才。很多高校马克思主义学院或者思想政治理论课教学部的人员队伍构成中比较缺乏专业的档案管理人才，特别是掌握了电子档案管理技术的人才。档案工作的重要性毋庸置疑，无论是思想政治课的理论教学还是实践教学，都会产生大量的教学档案需要及时进行整理和归档，因此要做好保存保管和再利用的工作。这项工作质量的提升需要比较专业的档案管理人才。二是加大继续教育投入，对与思想政治理论课实践教学档案管理工作有关的人员，进行比较系统的档案管理基础知识、计算机知识、数字通信技术培训，使他们掌握电子档案管理的基本知识和技能，解决思想政治理论课实践教学电子档案管理人才缺乏的问题。

拥有专业的计算机人才和档案管理人才能够给马克思主义学院或者思想政治理论课教学部这样的二级单位带来工作上的便利，但是限于财力物力等各方面的因素，很多高校不可能在现阶段实现这样的目标。因此，对于现有人员的继续教育投入确实显得非常重要。对现有的相关人才进行有关电子档案及档案相关方面的知识培训并给予其一定的物质激励，能够促进思想政治理论课实践教学的教学材料电子归档工作的推进，从而促进思想政治理论课实践教学管理更加规范和高效。

5. 及时做好硬件设备的维护和更新工作

由于计算机不断地升级、更新、换代，对于思想政治理论课实践教学电子档案来说，它在形成时所依赖的技术当时是较为先进的技术，但随着时代的发展，这些设备逐渐陈旧和落后了，或者其容量根本满足不了当前的工作需求。因此，思想政治理论课实践教学电子档案也要不断地维护和更新。同时，还必须对其所依赖的技术及数据结构和相关定义参数等加以保存，或采用其他方法和技术加以转换，防止新技术不能处理旧问题的情况发生。这需要高校相关部门持续不断地投入资金，以保障电子化、数字化保存的实践教学电子档案设备不断得到维护和更新。高校只有根据自身情况开展此项工作，尽量合理和最大限度地实现实践教学电子档案的有效保存、管理与利用。

6. 建立思想政治理论课实验室

依托实践教学资源和文档管理设备可以为以后的学生进行社会实践等实践教学活动提供经验和借鉴。因此，高校以实验室建设为契机，实现实践教学文档电子化管理。实验室教师负责实验室日常管理、实验教学和电子文档的录入、管理等工作。如今，高校文科实验室的建设已经比较常见，并且取得了一定的成绩。高校思想政治理论课的教学强化针对性，突出实效性，增强学生的获得感，借助实验室的建设，寻求高校思想政治理论课理论教学和实践教学质量的提升。高校思想政治理论课是培养中国特色社会主义接班人的重要方法，其肩负着理论武装、价值引领、立德树人的重大使命。长期以来，如何加强思想政治理论课的亲和力与针对性，激发高校学生的学习兴趣，提高他们的课堂参与度，以说理代替说教，改变"满堂灌"的教学方式是该课程教学所面临的重大课题。

建立思想政治理论课实验室是作为高校思想政治教育重要组成部分的社会实践

活动所提出的新要求,也是对信息网络技术、虚拟现实技术等高新科技推动下的思想政治教育新形式、新路径的具体拓展。高校肩负着培养政治立场坚定的社会主义事业的合格建设者和可靠接班人的重任,这是高校教育质量的核心所在,也是高校思想政治教育工作的重要任务。充分利用高新科技,提升思想政治理论课的吸引力,探索思想政治理论课的教学新手段,是一种有益的尝试。运用高新科技来提升思想政治理论课理论教学和实践教学对学生的吸引力是一件难度较大的工作,还需要高校和相关人员的不断尝试和总结,需要对教学效果进行科学评判和评估。建立思想政治理论课实验室,能够让思想政治理论课实践教学相关的文档可以比较容易地实现电子化保存和再利用。实验室的相关设备和专业人员就可以成为思想政治理论课实践教学相关文档电子化保存的场地与管理人员。因此,思想政治理论课实验室应包括两个子实验室:教师能力发展实验室和学生实践实验室,同时以独立网站为建设载体。

第四节　新时代高校思想政治理论课教学的实施

高校思想政治理论课教学的实施是一项系统工程。在这项工程中,高校学生、思想政治理论课教师、马克思主义学院(思想政治理论课教学部)、校领导乃至学校各部门的态度和作为都将影响思想政治理论课教学的实施,决定着思想政治理论课教学的实际成效。思想政治理论课教学的理念、物质条件、运行机制、师资保障等要素是不可或缺的;而思想政治理论课教学的具体设计和实施过程则直接影响高校思想政治理论课教学的教学效果与高校学生学习过程中的获得感。

下文以高校政治理论课的实践教学为切入点,来说明高校思想政治理论课教学实施的相关内容。

一、实践教学实施的条件

高校思想政治理论课是具有鲜明的政治教育、政治宣传和思想引导功能的育人课程。思想政治理论课实践教学又是其中非常重要和不可或缺的一个重要环节。思想政治理论课实践教学的实施过程要坚持党的教育方针,贯彻实践育人的理念,坚持社会主义方向,弘扬社会主义核心价值观。要让高校学生通过多种多样的实践教学形式接受实践教育,需要相应的实践教学的实施条件,这些条件既包括相应的思想政治理论课实践教学的理念保障,也需要大量的物质资源的支撑;既需要科学的、运转流畅的思想政治理论课实践教学运行机制,也需要一支能够指导高校学生有效开展实践的师资队伍。

(一)实践教学的理念

思想政治理论课实践教学旨在帮助学生学会做人和提升自身的社会认知,使高校学生树立正确的世界观、人生观和价值观,从而增强思想政治理论课教学的实效性,提高思想政治理论课教学质量,这是开展思想政治理论课实践教学所要树立的理念。社会实践是高校学生思想政治教育的重要环节,对于促进高校学生了解社会、了解国情,增长才干、奉献社会,锻炼毅力、培养品格,增强社会责任感具有不可替代的作用。通过实践教学,培养社会经济发展所需要的、具有一定创新精神、创新能力的,思想政治素质和科学文化素质都比较高的社会主义事业建设者和接班人,以适应时代的发展和社会的进步。思想政治理论课实践教学是为了教师更好地教、学生更好地学、教学活动更好地开展,也是为了发挥教师与学生双方的积极性与主动性而进行的活动。在实践教学中,教师必须始终贯彻"以人为本"的教学思想,坚持面向社会、面向学生、面向实践第一线,全方位地为学生的实践学习做好基础和保障工作。

此外,高校要形成重视实践教学的文化环境建设。良好的、积极向上的文化环境能够为实践教学的理念提供隐性支撑。环境对人的思想品德的影响是不容忽视的,它具有隐性的、潜移默化的作用。利用校园环境对学生进行思想政治理论影响,不仅包括校内环境,也包括校外环境;不仅包括自然环境,也包括社会环境;不仅要建设现代化、园林式的校园,建设功能齐全的各项配套设施,加强学校的"硬件"

建设，还要加强学校的"软件"建设，加强学校的精神文明建设和校园文化建设，营造健康、积极、开放的校园文化氛围，让高校学生能够在校园文化氛围中处处感受到当代社会精神的熏陶。通过环境建设促进思想政治理论课实践教学，可以把思想政治教育的内容融入物质、活动、信息等载体。长期对高校学生的思想进行熏陶和感染，能够提升高校学生的思想素质，促进其全面发展。

（二）实践教学的物质条件

1.高校保证思想政治理论课实践教学的经费投入

高校应当保证相对稳定和充足的思想政治理论课实践教学经费投入，根据具体情况适当增加投入，这是思想政治理论课实践教学有效开展的必要的物质条件。高校在制定实践教学制度时就应该明确规定思想政治理论课实践教学经费的来源，确保专款专用，以保证思想政治理论课实践教学的顺利进行。思想政治理论课的实践教学与其他课程一样需要科学计划和系统实施，不应被边缘化。在培养高校学生的思想政治素质和培养他们的社会责任感与奉献精神等方面，实践教学具有其他课程所不能与之相比的优势。因此，从受到的重视程度来讲，其应该与其他课程相同。但当前高校思想政治理论课的实践教学受重视程度还不够。

2.加强思想政治理论课实践教学基地建设

在思想政治理论课实践教学中，实践教学基地起着非常重要的作用。实践教学基地是进行实践教学的重要场所和战略依托。高校应根据思想政治理论课教学内容和人才培养目标的要求，结合学生实际状况和本地现实条件，遵循教育性、典型性和就近性等原则，有针对性地建立形式多样、设施健全、规范稳定的社会实践教学基地。学校既可以利用自身资源优势，自主投资建设一些与教学内容联系紧密的稳定的教学场所，也可以结合本地特色，与政府有关部门或企事业单位合作共建部分实践基地；还可以与企事业单位协商，选派学生到该单位进行实践锻炼。学校在借助企事业单位及社会实践资源促进人才培养的同时，应当坚持资源共享、合作共建、互惠双赢的原则，尽量减少接收单位的压力和负担，把帮助企业解决实际问题，促进企业发展作为实践活动的目的之一。企业也应该增强社会责任感，转变用人观念，努力构建科学合理的管理机制，以开放的姿态接纳高校学生参与企业实践活动，为高校学生提供更多展现和锻炼自己能力的平台。

高校为了确保实践教学的有效开展就必须增加投入，建立多样化的思想政治理论课实践教学基地。建立稳定的思想政治理论课实践教学基地,确保思想政治理论课实践教学切实有效开展。为使思想政治理论课实践教学更富有实效性,高校必须致力于实践教育教学基地的规划和建设,将校内外教育资源整合起来,充分发挥各类实践教学基地在思想政治理论课教育教学中的作用。根据思想政治理论课实践教学的教学内容和社会需要,有针对性地建立起形式多样的实践基地。

(三) 思想政治理论课实践教学的运行机制

思想政治理论课实践教学应当形成一种相对稳定和科学的运行机制,这样才能让思想政治理论课实践教学发挥最大的教育功能。从近年来我国各高校思想政治理论课实践教学的现状来看,全员化、规范化、系统化理论课的实践教学运行机制能够让高校学生成为最大的受益者,能够使他们主动参与,亲身体验,主动探究和发现现实生活中的问题,并运用所学理论研究和解决问题。在社会实践的过程中解决具体问题,坚定理想信念,不断完善自我。因此,构建一个完整的理论课实践教学的运行机制十分重要。

我国高等教育中重理论轻实践的教学理念影响很大,重专业课知识、轻公共理论课的现象仍普遍存在,再加上受思想政治理论课实践教学实施时间短、经费紧张、场地不足等客观条件的限制,各高校在主观上对实践教学认识不清,在教学计划中缺乏系统安排、操作流于形式的现象比较严重。社会实践活动是思想政治理论课实践教学的重要方面,每一名学生都应该参与其中。但长期以来,许多高校的社会实践活动只是少数学生参加的、在假期集中进行的短期性和阶段性的活动,大多数学生没有机会参加。所以,很难达到理论课教学的基本目的与基本要求,而且大多处于无教学计划、无教学大纲、无时间保障的状态中,随意性较大,目的性不强,学生既不能获得在时间上的量的积累,又难以形成思想上质的飞跃,对学生良好素质的形成不能起到应有的作用。部分高校通过实施"全员实践教学"的思想政治理论课实践教学运行机制,这种机制将实践教学纳入思想政治理论课教学计划,积极组织教师开展社会实践和学习考察活动,不断提高教师实践课教学水平,充分发挥实践课教学功能;并在教务处支持下根据本科教学的需要,制定并实施思想政治理论课实践教学方案,指导本科生完成社会实践工作。

（四）思想政治理论课实践教学的师资保障

师资队伍的好坏，决定了高校开展思想政治理论课实践教学建设与改革能否成功。高校一定要高度重视思想政治理论课实践教学队伍的日常建设和发展，通过相关政策和各种激励措施，真正建设好思想政治理论课实践教学的师资队伍，为实践教学的开展和高校学生的成长成才提供有力支撑。从学历、职称、专业、年龄等方面综合考虑，建设一支高水平、高素质的实践教学师资队伍。思想政治理论课实践教学的师资保障主要有以下几个方面：

1.建设高水平的思想政治理论课实践教学队伍

思想政治理论课实践教学要由相应的教学队伍来组织完成，因此思想政治理论课实践教学水平的提高，应重视这支教学队伍水平的提高。首先，思想政治理论课实践教学的教师要充分重视实践教学的重要性。教师对思想政治理论课实践教学的意义要有科学的认识，只有在工作态度上真正重视实践教学，才能够更加有效地推进实践教学的开展。思想政治理论课教师是实践育人的教学实施者，教师要充分认识到思想政治理论课实践教学是高校学生的必修课程，是通过具体实践提高高校学生马克思主义理论水平的重要课程。而且，实践教学和其他课程一样，有它具体的教学目标，有专门的教学大纲，有自己的内容体系，有特定的学分和学时。

思想政治理论课实践教学的开展依靠实践教学教师。如果实践教学教师自身缺乏社会实践经历，缺乏相应的思考，很难对高校学生的实践教学进行有效的指导。所以，要指导高校学生参加社会实践，进行实践教学，教师必须具备较强的社会实践能力和比较丰富的社会实践经验。思想政治理论课实践教学的教师亲身经历社会实践，积极学习考察，对于开阔视野、增加认识有着积极的意义；对于提升教学水平、提高教学能力有着积极的意义；对于增强课堂教学效果、提升实践教学指导能力有着积极的意义。高校应该充分重视思想政治理论课实践教学教师的个人实践能力的提升，利用好思想政治理论课教学科研专项经费，科学安排、有效组织，有计划和有目标地组织思想政治理论课实践教学教师进行社会实践、学习考察等活动，让教师真正提高个人在实践教学方面的各种能力，这样才能更好地指导学生，才能更好地开展实践教学。最后，还要不断加强对思想政治理论课实践教学教师的指导能力的培训。

思想政治理论课教师要坚持先培训后上岗，要着力提高新任教师适应岗位要求，胜任本职工作的能力。开展思想政治理论课实践教学，对教师的指导能力要求较高，高校需要不断提高实践教学教师的指导能力，加大培训力度和拓展培训深度，提高教师的实践育人水平。目前，各级各类的思想政治理论培训，实践教学方面的内容还很少，因此应该适当增加思想政治理论课实践教学方面的指导培训。高校马克思主义学院或思想政治理论课教学部也要积极开展实践教学方面的指导培训。由本校或者外校的具有实践教学指导经验的教师来进行培训，还可以请社会科学研究方法课的教师来进行培训。通过这些培训，促进指导教师能力的提升，同时促进实践教学教师的交流，真正提升其思想政治理论课实践教学水平。

2.建立专职和兼职相结合的思想政治理论课实践教学队伍

实践教学教师队伍如果仅仅依靠思想政治理论课教师是不够的。实践教学还可以依靠高校及企业、科研机构等人员为师资提供支撑。以"大思政"的视角审视实践教学，因此高校就需要构建"大思政"教学队伍。思想政治理论课实践教学是一项系统工程，应该建立起一支以党政干部、共青团干部、思想政治理论课教师为主，高校辅导员、专业课教师、社会各界有关人士广泛参加的实践教学师资队伍。

高校辅导员是一支重要的兼职实践教学队伍。高校辅导员在承担思想政治理论课实践教学方面具有更了解学生、组织管理能力更强的优势，这无疑有助于提高思想政治理论课实践教学的针对性、全员性。高校辅导员承担思想政治理论课实践教学，无论是在提升思想政治理论课教学的实效性，还是在推动辅导员队伍发展等方面都能产生积极效应。思想政治理论课教师和辅导员是开展高校思想政治工作的两支主要力量，是高校开展思想政治工作的主要队伍。科学整合高校思想政治理论课教师和辅导员两支队伍，整体推进师资队伍建设，能够形成有效合力，在思想政治理论课实践教学中发挥积极作用。高校辅导员开展高校学生思想政治教育工作，同样需要提升个人的教学和科研能力；而高校辅导员的教学科研能力可以借助思想政治理论课兼职教师的身份进行提高。高校可以鼓励符合相应条件的辅导员担任思想政治理论课实践教学的兼职教师，这样既为辅导员提高自身的教学科研能力提供了平台，也为思想政治理论课教师队伍发展提供了后备力量。一些高校辅导员科研方向是高校学生思想政治教育，而担任思想政治理论课实践教学兼职教师正好可以给辅导员的科研助力。高校可以鼓励辅导员担任兼职教师并给予其制度支持，高校辅导员要想能够担任思想政治理论课实践教学教师，必须要提高自身教学和科研水平。

高校可以通过一定的制度安排，给予高校年轻的辅导员一定的教学科研平台，在日常的培养培训过程中，让更多的辅导员能够接受马克思主义理论的专业培训，让两支队伍融合、交流、共同培养。科研工作上把两支队伍进行有机整合，避免形成"两张皮"的现象。高校思想政治理论课教师和辅导员这两支队伍在开展高校思想政治教学工作中可以相互配合、实现共同育人。在实践教学过程中以及科研工作中高校思想政治理论课教师可以与辅导员合作，一起进行实践教学，一起开展科研项目的申报和研究。辅导员可以将班级学生对思想政治理论课教师的评价和希望及时反馈给思想政治理论课教师，与思想政治理论课教师一起探讨高校学生日常教育中出现的新情况和新问题，即建立起相应的高校思想政治理论课教师和辅导员两支队伍的联系与沟通机制，在一个学期的期中、期末通过反馈机制，在实践教学完成后及时实现相互的信息交流和及时反馈，共同形成高校思政工作的合力，通过相互配合来实现这两支队伍共同育人的目的。

二、实践教学的设计与形式

（一）做好顶层设计

人才培养是高等学校重要的职能之一，而思想政治理论课对中国特色社会主义高等教育而言具有特殊的意义。我国高校是社会主义大学，社会主义大学培养的是中国特色社会主义事业的合格建设者和可靠接班人。也就是说，我国高校的人才培养职能的发挥有着非常明确的社会主义方向。因此，高等学校要充分认识到思想政治理论课实践教学的重要性，把思想政治理论课实践教学纳入高校人才培养的总体方案中，加强领导，统筹安排。高校思想政治工作是一个系统工程，要求各门课程、各类教师相互配合。这需要除思想政治理论课外高校所有课程的同向、同行，既要发挥思想政治理论课课堂教学在高校学生思想政治教育中的主渠道作用，又要充分发掘综合素养课程、哲学社会科学课程、自然科学课程的思想政治教育资源，使各门课程与思想政治理论课同向同行；既重视辅导员、班主任这支思想政治教育的骨干力量，又调动思想政治理论课教师、专业课教师等参与日常思想政治教育工作的积极性，真正体现全员育人的教育理念。在我国，高校培养中国特色社会主义事业的建设者和接班人，这是高校人才培养职能的重要内容。思想政治理论课的理论教学和实践教学则是高校坚持社会主义办学方向、培养社会主义事业人才的重要环节。

因此，高校要充分认识思想政治理论课的重要性。而且，当前思想政治理论课的理论教学已经得到高度重视，实践教学的重要性还没有真正得到高等学校的重视。

（二）突出实效性和针对性

思想政治理论课实践教学的实施中应当突出实效性和针对性。实效性就是指思想政治理论课实践教学实施过程中要遵循教学客观规律，把思想政治理论知识学习和实践运用结合起来，转变学生的思想和解决实际问题结合起来，达到思想政治理论课实践教学实际效果的最大化。针对性和实效性紧密相关。高校思想政治理论课实践教学应当在思想政治理论知识的指导下让高校学生有具体目标和具体指向地进行实践。

思想政治理论课教育要让高校学生全面掌握马克思主义的基本原理和立场、观点、方法，不断提高高校学生的思想觉悟和政治理论素质，培养合格的社会主义事业的建设者和接班人。因此，思想政治理论课本身与其他知识类、技能类课程教学存在着根本性的差别。思想政治理论课强调的不仅仅只是思想政治理论知识和技能的传授，还要将科学理论内化为高校学生的自身信念与修养，实现其思想上的升华，这种知识理论的内化过程需要有实践的依托。有了实践才有内化科学理论的途径和场所，实践教学的内容、形式等要与高校学生所学习的具体课程相结合，根据各门思想政治理论课的具体特点及教育任务，设计有针对性的、个性化的实践教学内容和形式；要和高校学生的本专业、高校的定位及所在区域的特点相结合，充分利用高校所在区域的各种社会资源；真正激发高校学生的参与热情和兴趣，调动高校学生主动参加思想政治理论课实践教学，积极参与各式各类的实践教学，让高校学生从自己熟悉的领域去感知实践教学给自己带来的收获和感悟，让思想政治理论课实践教学真正鲜活起来。

（三）教师指导结合学生自主实践

思想政治理论课实践教学以指导教师为主的教学模式是比较常见的。其实在实践教学过程中，指导教师可以根据课程中的重点难点以及学生所关心的热点问题给出主题，指导学生利用课余时间查阅资料、进行调研并将自己得出的结论向同学发表。这种教学方法鼓励学生自主实践，避免了简单说教，让学生成为课堂的主角。许多原本枯燥难懂的专业问题、理论话题在学生自我学习的过程中被更好地理解、消化，教学效果较教师单纯的讲授好得多。还可以让高校学生通过组建团队，开展实践活动。组织高校学生以宿舍、班级、党团支部、社团等为单位，围绕主题或课题形成跨专业、跨年级的实践团队。每支团队须制订详细的实践计划，并聘请一位指导教师，经课题组审核通过后进入实践环节。高校学生还可以根据社会热点、重点问题，制定题目，由教师进行把关。教师根据学生所关心的、感兴趣的问题，有针对性地制定实践教学方案；确定实践教学方案后，高校学生要组成实践教学团队，选定负责人，教师给予全程指导，最终学生通过教师的指导、小组的调研与讨论等方式形成实践教学任务报告。思想政治理论课作为我国高校德育的主渠道、主阵地，反映了社会主义意识形态特征，决定了它必须遵循理论与实践相统一这一马克思主义的基本原理。因此，思想政治理论课教育目标的实现，归根结底是学生"知、情、意、信、行"的和谐统一，落脚点在学生的行为上。让学生自主开展实践，把高校思想政治理论课的课堂教学与实践教学有机结合起来，在课堂理论灌输和启迪的基础上，让学生带着课堂上的问题，自主参加各种方式的、丰富多彩的带有实践性的教学活动，通过亲身感受和体验来印证马克思主义基本理论的正确性与指导性。学生在日常生活中能把课堂上所学到的社会要求、道德准则、行为规范等以自觉的行为表现出来，并具有某种程度上的稳定性，具备了一定的自我教育的能力和社会生活能力，这样高校思想政治教育才算"达标"。

　　内因是事物发展变化的根据，它规定了事物发展的基本趋势和方向；外因是事物发展变化不可缺少的条件，对事物的发展起着重大的作用，外因必须通过内因起作用。而学生的自主实践就是实践教学的"内因"，外在的思想政治理论、实践教学理论等等只有通过"内因"才能转化成高校学生用马克思主义理论指导自身实践的动力，并最终帮助高校学生形成科学的世界观、人生观和价值观。世界著名教育家苏霍姆林斯基指出："只有能够激发学生自我教育的教育才是真正的教育。"实践是思想政治理论课教学目标的本质特征，实践既是高等院校思想政治理论课教学的出发点，也是思想政治理论课教学的目的和归宿。

（四）形式与内容的结合

　　思想政治理论课实践教学在实施过程中要注意形式与内容的结合。实践教学的形式可以多样化，通过多种有效形式开展。实践教学形式一般是指在实践教学中借助各种教育技术手段和环境条件，激励学生主动参加，积极参与实践并进行探索和创造，从而实现实践教学的内容，以丰富高校学生思想政治素质与理论修养的教学方法、措施等。

形式与内容的结合，即学生在教师的指导下，紧密结合教学内容，根据各自的兴趣、爱好和特点，从所学学科或跨学科领域选择和确定论文，独立地进行资料收集、整理、分析和归纳，并在研究过程中主动地获取知识、应用知识、解决问题、接受教育的一种教学方法。它是以写论文报告等实践活动为重要途径。教师对实践论文报告应及时批阅和点评，优秀的作品可以让学生在课堂上演示、交流。实践教学形式主要有以下几种：

讨论课。讨论课即在教师的指导下，全班同学围绕某一中心问题发表自己的看法，从而相互学习的一种教学方法。通过课堂讨论，可以集思广益，交流信息，互相启发，加深对知识的理解，培养训练学生的观察力、想象力、思维能力和分析和解决问题的能力。案例分析，即对现实生活中某一具体现象的客观描述，包括有一个或多个疑难问题，同时也可能包含有解决这些问题的方法。在实践教学中引入一些典型的事例，学生从中可学到许多解决实际问题的经验。案例可以把抽象的原理、概念等具体化，把它们置于一定的实际情景之中，学习者可以清楚地认识到这些原理、概念在实际生活中的用处、表现，增进其学习兴趣和动力，同时也会恰当地掌握它所具有的特定含义和意义。案例教学以学生的积极参与为前提，以教师的有效组织为保证，以精选出来的能说明一些问题的案例为材料，而要做到这些方面的有机结合往往较为困难，有时会耗费时间较多而收效甚微。

艺术欣赏课。艺术欣赏课即人们通过艺术欣赏活动，受到真、善、美的熏陶和感染，在潜移默化的作用下，引起人的思想、感情、理想、追求发生深刻变化，引导人们正确地理解和认识生活，树立起正确的人生观和世界观。在实践教学中，借助一些经典剧目的重现，将思想政治教育寓于艺术教育之中，无论从艺术教育的过程来看，还是从思想政治教育的效果来看，都是课堂教学难以比拟的。

参观见习课。参观见习课即教师根据一定的教学内容和目的，通过知识点的讲授，选择具有典型教育功能的基地或场所，组织全班同学进行参观，从而获取并验证所学知识，接受社会教育的一种教学方法。参观见习突出了社会教育功能和学生自主学习精神，通过参观让学生在情境体验中获取知识、培养能力、升华情感，使学生的思想和心灵受到直接触动。社会调查，即组织高校学生开展城乡调查活动，利用学习期间或寒暑假深入社区、厂矿、商场、公司、农村，了解改革开放以来我国在各方面发生的深刻变化，进一步认识党的路线、方针、政策的正确性，从而增强对党的热爱，拥护并自觉执行党的路线、方针、政策。

勤工俭学、课外科技活动等。通过让学生亲眼看见，亲自动手，达到加深、检验认识，强化记忆，自觉践行的目的。高校学生能够重新认识自己，发现自己，领悟到自己的价值，学到书本上所学不到的东西，看到自己与现实的差距。

多种实践教学的形式，其内容离不开思想政治理论课实践教学的内容，即以马克思主义为指导，按照教育培养目标的要求，有组织、有计划、有目的地引导高校学生进行校内实践或走出校门、走进社会，开展社会调查、生产劳动、志愿服务、公益活动，提高高校学生的综合素质，让高校学生更好地理解并践行思想政治理论课的教学内容。

（五）校内实践与校外实践

思想政治理论课教学涉及全校的学生，人数众多，所以应采取灵活的方式组织实践教学活动，将校内实践与校外实践结合起来。校内实践与校外实践相结合的模式具有可操作性，又能调动学生的积极性和主动性。校内实践，即统一组织学生进行校园内实践教学，明确实践教学的场所和实践的内容，由教师带领整个班级集体进行的一项实践教学活动。社会实践具有直接性、生动性的特点，相对于理论教学而言，社会实践更吸引学生。社会实践对于促进高校学生了解国情、民情，增强社会责任感有重要的作用。通过校内的参观考察，由教师结合思想政治理论课，充分利用校内教育资源，组织学生参观校内的实践教育基地、校史馆、图书馆、档案馆等，然后由学生完成参观的感想和体会等。

思想政治理论课实践教学重在让学生关注社会、走向社会、了解社会，开阔眼界，进一步锤炼思想、提高认识。同时，高校也应该利用社会实践对学生进行提高服务社会能力的训练，也就是要把了解社会与服务社会有机地结合起来。只有这样，才能使学生真切地体会到社会生活，在社会实践中真正形成劳动观念、群众观点、集体主义观点。因此，校外实践则可以更加丰富，通过思想政治理论课实践教师的组织，让学生参观博物馆、纪念馆、革命烈士馆、监狱、法庭、大型国有企业、社会实践基地、贫困地区以及改革开放的前沿地区等，要求学生完成参观后写出感想和体会等。

（六）部分人员实践与全员实践

思想政治理论课实践教学实施过程中，学生的全员参与、全员实践是高校开展思想政治理论课实践教学的应有之义。但是在高校实际开展思想政治理论课实践教学的过程中，只有部分人员完成实践。因为，很多高校没有条件或者实践教学组织更加科学合理之后才能实现全员参与的实践教学。部分高校由于对实践教学的组织还没有形成科学化、系统化的体系，面对思想政治理论课实践教学需要教育的数量众多的学生，由于经费和时间的有限，只能有部分学生参与实践教学活动，以部分人员参与取代全员参与。因此，思想政治理论课实践教学的部分学生实践只能是高校的暂时性选择、过渡性政策，从实践教学本意来看，全员参与的实践教学才是真正的实践教学。

（七）过程与结果并重

高校思想政治理论课实践教学实施过程中，组织者、管理者要高度重视实践教学的过程与结果并重。实践教学是相对于理论教学而言的，其应该是在教师的指导下，采取实践的方法，使学生亲身参与各种社会活动。学生通过眼、耳、手、身等感官亲自参与和感受客观世界，学到课堂上难以学习的东西。这样的实践教学实施过程十分重要。因此，高校思想政治理论课实践教学的实施过程和结果都要得到教育者的重视。

三、实践教学的具体实施

开展高校思想政治理论课实践教学是马克思主义理论与实践相结合的必然要求，同时也是引导高校学生积极投身社会实践，提高思想道德素质的必要途径。让高校学生在"做中学"，即让高校学生从经验和实践中学，对提高思想政治教育的教育效果作用重大。思想政治理论课实践教学的管理重在落实，包括健全的组织机构，充足的物质及经费保障，有力的实践教学机构。思想政治理论课实践教学实施方案、教学大纲、学生手册、评价体系等方面的制定和具体的课时、学分、指导教师的落实等。

（一）实践教学布置、动员和宣传

在开始进行思想政治理论课的具体社会实践之前，教师有必要将思想政治理论课实践教学的相关内容向高校学生进行一次详细的布置、动员和宣传。高校学生的社会实践活动需要理论上的指导，这需要思想政治理论课实践教学的教师给予其详细的指导，这样能够保证高校学生在开展思想政治理论课的社会实践时能够做到有的放矢，保证正确的方向，也为高校学生答疑解惑。

开展思想政治理论课实践教学，可以引导学生深入学习党的历届会议精神，提高学生的综合素质，有效的思想政治理论课实践教学对学生来说，是一笔宝贵的财富。高校要高度重视学生的思想政治理论课实践教学活动，高校可以通过直接召开实践教学动员大会的形式进行。思想政治理论课实践教学动员大会的会议主要任务包括：动员高校学生积极投入社会实践，动员高校学生严格按照学校的思想政治理论课实践教学的具体要求，认真开展思想政治理论课实践教学工作。一般由高校的思想政治理论课实践教学教师来分专业、分班级召开社会实践动员大会。其目的有以下几点：一是统一思想，动员高校学生充分认识开展社会实践活动的重要意义，认识到开展社会实践活动是加强和改进高校思想政治教育的有效途径，是发挥高校学生人才智力优势的重要举措。因此，学生在思想上必须高度统一，真正认识到社会实践的重要意义。二是明确任务，切实理解社会实践活动的指导思想、方法步骤、实践要求。要明确自己的任务，全面正确地认识学校关于社会实践活动的指导思想。在实践过程中，要不折不扣地按照学校提出的实践要求来开展活动。在活动的开展中，要做到方法合理，步骤清晰，目的明确。三是充分发挥专业特色和优势、突出社会实践活动的主题，增强社会实践活动的实际效果，健全社会实践活动的运行机制，推动社会实践活动的创新发展。四是精心组织，确保实践活动取得实效。各系部和学生组织可以采取灵活组队、有机结合的方式开展实践，从实际出发，对活动形式、地点、内容精心设计，合理安排，制定切实可行的方案，认真组织落实。如果条件允许，高校的各院系可以为每位参加实践的人员提供人身意外伤害保险，加强社会实践安全培训和教育，制定安全预案，确保实践活动在安全的环境中取得成效。五是加强宣传，营造氛围。各院系和学生组织要通过多种宣传方式，加强社会实践活动的宣传工作，为活动营造良好的舆论氛围，激发高校学生参与社会实践的积极性、主动性；要高度重视社会实践过程和成果的宣传报道与信息报送工作，扩大实践活动的影响面,提高学校的声誉。

(二)实践教学实施准备工作

1.为高校学生提供社会实践的前期指导

教师应当熟悉思想政治理论课的基本原理和内容,为高校学生提供有效的前期指导。例如,实践方向的确定、具体实践内容的指导、理论的支撑、具体社会实践题目的选择等等。思想政治理论课实践教学是教师根据和结合思想政治理论课的基本内容,密切联系社会实际和学生实际,通过有目的、有计划的社会实践活动,不断提高学生思想觉悟和认识能力,磨炼意志;学生从思想上和行为上强化思想认识,积极参加提高政治素养的教学活动。高校组织的社会实践,需要在平时设计与学校所在城市或者社区需求相关的活动项目,让学生有利用空余时间参与这种社会实践,可以参照美国、新加坡等国的社区服务计划。学校和社区签订相应的合作框架协议,让学生到社区,参与社区服务。例如,儿童看护、老人陪伴、读书活动、普法宣传、法律援助、医疗咨询、环境知识宣传等。这些活动对学校的要求是要确保社区的这些服务是公益性的,不是以某些机构的营利为目的而设置的项目;要能够保护学生参与的积极性。

高校要和社区达成一种机制,这种机制使学生的服务时间和内容能够被如实地记录,学生能够获得客观的评价。除了社区服务外,高校学生还可以认识城市和服务城市。认识城市是了解国情的一个重要方面,除了知识上的学习,学生需要在实际生活中了解城市,不同专业的学生针对城市的经济发展、城市建设、社区成长、文化活动等各个方面进行调研,城市支柱产业的参观活动以及市民生活情况的综合性了解都是社会实践需要全面涉及的内容。

2.提高高校学生的诚信意识

高校开展思想政治理论课实践教学前应不断强化高校学生的诚信意识。要让高校学生在完成社会实践和撰写社会实践调查报告前,明确了解学校的有关规定,恪守学术规范,告诫高校学生一定要在个人完成社会实践的基础上认真独立完成的社会实践调查报告。调查报告所使用的相关资料、数据、观点等内容要真实可靠,所有引用他人的观点和材料、数据、图表等要注释并标明来源。教师要教导高校学生撰写社会实践报告不得抄袭、剽窃他人的成果。高校和学生可以在社会实践前签订社会实践调查报告诚信承诺书,明确内容;也可以在调查报告完成、定稿时学生自愿签订。

3.要提高高校学生的安全意识

在正式开展思想政治理论课的社会实践活动之前,高校一定要强调整个社会实践过程中的安全问题。做到防患于未然,杜绝安全事故的发生。高校学生在开展社会实践活动的过程中,一定要严格遵守国家的法律、法规,尊重各民族的风俗习惯,自觉遵守实践单位的各项规章制度,特别是保密、操作规程和劳动纪律等方面的制度。在高校学生开展社会实践期间,应高度重视自身的人身和财产安全,在实践过程中避免违纪违法行为和安全事故的发生;要注重对高校学生的礼仪礼节的教育,学生应礼貌待人,体现出当代高校学生应有的素质。高校要对准备进行社会实践的单位、所在地区的情况有一定了解,对可能存在的风险和安全问题有清楚的了解。如果有条件,高校应为学生购买人身意外伤害保险,在开展社会实践活动前与学生签订社会实践安全承诺书。

(三)实践教学实施过程中的检查、督促与指导

在思想政治理论课实践教学教师对各自所指导的班级进行前期的相关准备工作和召开动员大会后,教师要重点就高校学生参加实践教学的目的及意义、学分学时、方式方法和在实践教学实施过程中进行检查、督促与指导。由于社会实践开展形式的多样化,地域的多元化,教师无法详细跟踪每一位高校学生的社会实践情况。在现有条件下,教师也无法亲自参与几十位、上百位高校学生的社会实践过程。因此,在思想政治理论课实践教学实施过程中,教师更多的是从远程监控、远程督查和远程指导的角度对高校学生进行实践教学的把控。因此,教师要主动掌握与学生的联系方式,实时跟踪高校学生的实践教学实施过程。充分利用网络等手段,加入班级QQ群、微信群,远程督导高校学生进行社会实践,并且及时掌握高校学生的实践动态,进行针对性的指导。教师要尽量保证电话的畅通,也要提醒高校学生尽量保证电话的畅通,以保证能够及时有效的联系。每周或不定期在学生班级的QQ群、微信群中发布社会实践的相关重要内容提示,同时掌握部分学生的社会实践开展状况,及时对高校学生提出的问题进行解答。此外,思想政治理论课实践教学教师要与高校学生所在班级的班主任、辅导员保持长期有效的沟通与交流。高校学生的社会实践过程需要与班主任、辅导员形成互通有无的联络机制。班主任、辅导员与本班的学生联系更多,对本班学生的情况非常熟悉,因此社会实践过程中一定要重视发挥

班主任和辅导员的积极作用，通过与班主任、辅导员的共同合作完成高校学生的社会实践活动。

（四）实践教学成功案例的教育功能发挥

思想政治理论课实践教学实施后，学生会取得很多社会实践成果。面对这些社会实践成果，高校思想政治理论课实践教学教师要树立保留、保管并发挥其教育功能的意识。高校学生的思维是活跃的，是多元化的，是新鲜的，通过思想政治理论课实践教学的具体实施，结合高校学生各自社会实践的具体内容，会产生一些优秀的、成功的实践教学案例。对这些案例教师一是要做好相关的归档工作，有选择、有意识地把一些具有较强教育功能的学生社会实践作品保留下来。这一方面是为学校提供一批宝贵的教育教学成果；另一方面也为以后的高校学生提供教育和学习的资料。二是教师要将这些优秀作品通过一定的分类方式进行恰当分类，分析其中的闪光点，为今后思想政治理论课实践教学的开展提供改进和发展的方向。三是通过一定时间的积累，将这些优秀成果进行整理、升华、汇总，可以形成富有特色的本校思想政治理论课实践教学科研成果，为思想政治理论课实践教学改革的不断深入发展起到推动作用，也可以为高校开展其他实践教学提供有益的参考和借鉴，为高校学生提高社会实践学习效果提供帮助。四是可以选择优秀的社会实践成果以班级或者专业为展示交流的对象，提升思想政治理论课实践教学的影响，并给予高校学生一定的精神奖励或物质奖励，激发高校学生参与和学习思想政治理论课社会实践的积极性。

第四章　高校思想政治教育教学的过程

思想政治理论课是高校思想政治教育的主渠道，对学生德育素质的形成和提升发挥重要作用。高校思想政治理论课教学过程本质上是一种特殊的教育实践活动，是一个涵盖理论和实践两个方面活动的过程。高校思想政治教育以科学的理论武装人，全面提高学生的思想道德素质，为他们一生成长奠定科学的思想基础，使之成为社会主义核心价值观的坚定信仰者、积极传播者、模范践行者，这是教学过程的价值导向。思想政治理论课教育教学过程是其各种要素相互作用、相互影响所产生的矛盾运动，在各要素中，教育者、受教育者、教育媒介、教学过程环节等对思想政治理论课教育教学有着重要作用，注重协调各种因素，相向而行，才能收到实效。

第一节　高校思想政治理论课教学过程的概念与本质

教学作为一个过程，其是在教育者主导下、在特定的时空范围内有序进行的，思想政治理论课的教学也不例外。教学过程论是组织教学活动的理论基础，只有科学认识思想政治理论课的教学过程，才能把握教学过程的本质和规律，有效组织教育教学活动，实现培养目标。

研究思想政治理论课教育教学过程的本质，必须研究教学与教学活动。从广义上讲，教学就是教育者指导受教育者以一定的文化为对象所进行学习实践的活动；从狭义上讲，教学就是指学校内的教学，是特指学校中的教师指导学生一起进行的，以一定文化为对象的教与学相统一的活动。教学活动的开展都离不开教学过程，教学过程是教学的客观存在，也是教学论研究的基本问题之一。目前，教育界对教学过程的本质还有不同的认识。

总体上看，教学活动是社会培养人才的一种实践活动，它是由教育者的"教"与受教育者的"学"以及教学媒介（教学内容、教学方法等）等相互作用所形成的一种矛盾运动。教育者的"教学"活动本质上是一种特殊的实践活动，学生的学习是一种认识活动。思想政治理论课教学过程的本质是实践与认识相统一的实践活动。

一、高校思想政治理论课教学过程的概念

简单来说，教学过程就是教学活动有序展开的过程，它存在于各类教学活动中。教学过程有不同的形式，如理论教学、实践教学等；也有内容之分，如德育教学、智育教学、美育教学、体育教学等；还有层次之分，如小学、中学、大学、研究生教学等。高校学生的思想政治理论教学属于德育教学。

思想政治理论课教学过程是一个理论与实践相统一的复杂的实践活动。思想政治理论课是以高校学生为教育对象，教学活动是解疑释惑的过程，教学过程有知识的传授，但是更重要的是帮助学生树立马克思主义的世界观、培育和践行社会主义核心价值观。人们对科学理论的学习认同需要经过知、情、信、意、行的连续变化。"思想政治教育是一项实践活动，它以人为作用对象，其目的在于帮助人们形成符合社会需要的思想品德，主要帮助人们解决'做什么''怎么做'的问题。"由此可见，思想政治理论课教学过程本质上是认识与实践相统一的实践活动，是一种特殊的实践活动。

思想政治理论课教学要发挥好在理论武装、价值引领、思想道德教育、法治教育等方面的重要作用。首先，教师的理论自信是上好思想政治理论课的前提。习近平总书记在全国高校思想政治工作会议上强调："教师是人类灵魂的工程师，承担着神圣使命。传道者自己首先要明道、信道。高校教师要坚持教育者先受教育，努力成为先进思想文化的传播者、党执政的坚定支持者，更好担起学生健康成长指导者和引路人的责任。"教师必须在政治信仰方面旗帜鲜明，坚定共产主义远大理想和中国特色社会主义共同理想，坚定对中国特色社会主义的道路自信、理论自信、制度自信、文化自信；认真学习和掌握马列主义、毛泽东思想、中国特色社会主义

理论体系，在真学、真懂、真信、真用上下功夫。其次，坚持教书与育人的有机统一。思想政治理论课教学要解决社会要求的思想道德素质与学生实际的思想道德素质现状之间的矛盾。教师要吃透教材精神，把握教学的重点难点，了解学生思想动态，搞清楚学生对教学活动的真实看法及要求；教学活动要贴近实际、贴近生活、贴近学生，教师既要言教，更要重视身教，以高尚的人格与学术魅力赢得学生的尊重和对教师教学活动的认可。所以，从整个教学过程中可以看到教师的教学活动，就是在引导学生的思想道德素质向着社会所要求的方向发生转变，教师如果没有对所教授教学内容的深刻的思想认识，这一改变是不可能发生的。教学过程包含一系列学生的认识活动，就是让学生真学、真懂、真信、真用马克思主义，这是教学过程最终目的。虽然，教学活动包含学生深刻的认识运动；但是，从教育者的教学活动来理解，思想政治理论课教学过程的本质是一种特殊的实践活动。

二、高校思想政治理论课教学过程的本质

（一）教学过程是一种认识活动

学习思想政治理论课内容是一种以获得间接经验为主的认识运动。总体上讲，人们获得知识的方式主要有两种，即直接经验和间接经验，每一代人受时间精力等条件的限约，都是在学习前人积累的间接经验，在经过自身参加实践获得一定的直接经验基础上，不断深化对客观世界的认识。个人要全面深刻地看待外部世界，就必须学习间接经验，以丰富自己的知识，形成正确的世界观、人生观、价值观。马克思主义作为科学的世界观和方法论，深刻洞察了客观世界特别是人类社会发展的一般规律。马克思主义认为，生产力与生产关系之间的矛盾、经济基础与上层建筑之间的矛盾贯穿人类社会的始终，规定着社会性质和基本结构，推动人类社会由低级向高级发展，并最终实现共产主义。中国共产党人坚持把马克思列宁主义基本原理同中国革命、建设和改革的实践相结合，创立了毛泽东思想和中国特色社会主义理论体系，为把我国建设富强、民主、文明、和谐的社会主义现代化国家指明了前进方向。在教学过程中，学生的认识对象主要体现在教师的教学内容，他们不是直接去发现未知世界，而是以学习和掌握的马克思主义、毛泽东思想以及中国特色社会主义理论体系等去间接地观察看待客观世界，也就是凭借经过学习认识形成的正

确世界观去观察认识事物。教学过程中学生的学习认识活动，是在具有职业修养和专业素养的教师指导下，充分利用学校现有的各种教学条件，采取适合的教学方法方式，从学生的思想实际出发，促使学生完成学习任务，减少思想认识上的偏差，形成正确的思想认识，提高思想道德素质。

（二）教学过程是一种实践活动

思想政治理论课教学是在教师、学生共同参与下，借助教学媒介、运用教学方法，促进学生思想道德素质形成和发展的过程。这一过程中充满着矛盾，包括教师与教材之间的矛盾，学生与教材之间的矛盾，特别是教师的"教"与学生的"学"之间的矛盾。在教学过程存在的各种矛盾中，"教"与"学"之间的矛盾是主要矛盾，其规定了教学过程的存在和发展。"教"是矛盾的主要方面，"学"是矛盾的次要方面，它贯穿教学过程始终，决定着教育教学目标实现和教学质量实际状况。教学过程就是"教"与"学"矛盾等运动的结果。

教学过程中要把握好以下两个方面：

1.教师与教材的矛盾

首先，解决教师与教材之间的矛盾需要教师深入地实践和认识活动。现在高校使用的教材为马克思主义理论研究与建设工程重点教材。教师要重视教材修订后体例的调整、内容的变化及对教学提出的新要求。有了好的教材，为上好课提供了基本遵循。但是，这不等于解决了教师与教材之间的矛盾。因为教材是"死"的，教师是"活"的，教学活动既离不开教材，又不能完全照本宣科。

在教学过程中，教师通过自身努力学习研究教材，吃透教材，准确地掌握并组织教学内容，因事而化、因时而进、因势而新，把教材体系科学地转化为教学体系；反之，如果教师不能很好地掌握教材内容，就会影响学生对所学课程内容的学习，甚至给学生传递错误观念。在教学过程中，有效地解决教师与教材之间的矛盾，需要教师从教学实际出发，持之以恒，不断地实践、认识，研究教学规律，提升教学实效性。

其次，解决学生和教材之间的矛盾需要学生在教学过程中不断地深化认识活动。教材内容对学生来说是未知领域，不可否认，教材的内容较多地运用学术语言、文献话语，比较抽象，理论性较强，在某种意义上影响了学生的学习兴趣。思想政治理论课内容既需要学生在教师的课堂讲解下直观理解记忆，又需要他们利用高度的抽象思维。这不是一般的传授知识,而是价值的塑造。这需要学生认真研究学习教材。如果学生不认真研读理解教材,就很难真正地掌握学习内容和要求,也无法真正树立科学的世界观、人生观、价值观。

最后,解决"教"与"学"这个主要矛盾,需要教师不断地强化认识实践活动。"教"与"学"的矛盾,贯穿教学过程的始终,是推动教学过程不断发展的根本动力。在"教"与"学"这个矛盾中,教师、学生处于不同的地位,作用也不同。教师的"教"与学生的"学"又是不可分离、紧密相连、互相制约、互相影响的。具体地看,"教"与"学"的矛盾,表现为教师所教授的教材内容与学生所接受的教材内容之间的矛盾,这一矛盾在不同时期又有不同表现形式,在现阶段表现为思想政治理论课教学应该以高校学生实现"四个正确认识"为根本目标。解决"教"与"学"矛盾,关键是"要用好课堂教学这个主渠道,思想政治理论课要坚持在改进中加强,提升思想政治教育亲和力和针对性,满足学生成长发展需求和期待"。

2.教师的教学实践与学生的学习相连接

教学活动以教学内容为媒介,将教师的教学实践活动与学生的学习认识活动有机联系在一起。学生只有亲其师、信其道,才能践其行。"思想政治理论课亲和力,是指思想政治理论课对高校学生所具有的亲近、吸引的潜在功能,以及高校学生对思想政治理论课产生的亲近感、趋同感。"

首先,教师要树立良好的师德。"高等学校思想政治理论课教师是马克思主义理论和党的路线、方针、政策的宣讲者,社会主义意识形态和精神文明的传播者,是高校学生健康成长的指导者和引路人。"思想政治理论课教师闻道在先,教育者首先要接受教育,要以德立身、以德立学、以德施教。

其次,教师要重视把教材体系科学地转化为教学体系。理论不彻底就难以说服人。教师要对所教授的思想政治理论融会贯通,精辟地阐释理论,娴熟驾驭课堂教学,让学生感受到理论的价值与力量。正如习近平总书记强调的:"要教育引导学生正确认识世界和中国发展大势,从我们党探索中国特色社会主义历史发展和伟大实践中,认识和把握人类社会发展的历史必然性,认识和把握中国特色社会主义的历史必然性,不断树立为共产主义远大理想和中国特色社会主义共同理想而奋斗的信念和信心;正确认识中国特色和国际比较,全面客观认识当代中国、看待外部世界;正确认识时代责任和历史使命,用中国梦激扬青春梦;教师为学生点亮理想的灯、照亮前行的路,激励学生自觉把个人的理想追求融入国家和民族的事业中,勇做走在时代前列的奋进者、开拓者;正确认识远大抱负和脚踏实地,珍惜韶华、脚踏实地,把远大抱负落实到实际行动中,让勤奋学习成为青春飞扬的动力,让增长本领成为青春搏击的能量。"

再次,突出问题导向,提高科研能力。教师要立足教学实际,着眼于中国特色社会主义理论的发展,着眼于学生思想道德素质现状和需求,着眼于培育和践行社会主义核心价值观,对教学过程中遇到的重要问题进行深入研究剖析,攻坚克难,寻找增强教学亲和力、针对性的有效途径。

最后,改进教学方法和话语体系。这主要做到以下两点:一是在信息化时代,教师要提高运用信息技术的能力,促进教学方法方式创新,利用"互联网+"等技术使思想政治理论课堂活跃起来。推进话语体系创新,用鲜活的话语、适宜的方法把马列主义、毛泽东思想、中国特色社会主义理论体系讲明白,讲清楚,增加教学的生动性、趣味性,在理论与实践的结合上解疑释惑。二是从"学"的方面看,首先,要关照学生,在满足学生需求上多用力。当代高校学生是一个庞大群体,以"00后"为主,大多数是网络的"原住民",他们的经历阅历、个性追求、生活方式等方面差异明显,具有鲜明的时代烙印。思想政治理论课要做到入耳、入脑、入心,必须注意把握学生思想品德形成的规律和思想政治教育规律,着眼于提高学生的思想品德水平、着眼于学生学习生活成长成才过程中所需、所想、所盼进行教学。教学活动在育人目标、教学内容组织、教学方法选择、教学手段运用等方面更加适应学生学习的需要。教学中要注意调动学生学习的积极性,发挥学生学习的主体作用,培养学生的学习兴趣,提高学生运用所学理论分析问题、解决问题的能力。将思想政治理论课与"互联网+"深度融合,拓展学习时空,改变教师"一言堂"的教学方法;把理论教学与实践教学有机结合起来,开展丰富多彩的实践活动,让理论走进社会、走进人民群众,学生在实践中增长才干。其次,要在服务学生就业创业创新上用心。思想政治理论课能不能受到学生的喜爱,关键看其是否解决学生的实际问题。当今世界,处于大发展大变革大调整时期,各种思想文化交流交融交锋更加频繁,高校学生正处于世界观、人生观、价值观形成的重要时期,思想政治理论课能够在帮助学生"补钙"和"扣好人生的第一粒扣子"方面发挥更大的作用,有更大的作为。高校学生在成长道路上会遇到各种各样的社会和人生问题,就业、创业、创新等都离不开社会主义核心价值观的引领。思想政治素质是人的素质的灵魂,有了正确的思想观念,才能走好人生未来之路。

最后，发挥好第二课堂的积极作用，提升实践能力。把课堂教学与开展多种形式党团活动、校园文化科技活动连接起来，运用多样化的活动载体和教育教学手段，寓教于乐、寓教于学、学思结合、知行合一，使思想政治理论课的影响全面渗透到校园内外第二课堂的各个方面，建立理论与实践紧密联系的渠道，不断巩固教学成果，提高应用能力，增强思想政治理论课教学说服力与感染力。

第二节　高校思想政治理论课教学的基本环节

思想政治理论课教学过程是由若干教学环节构成并持续进行的。教学环节是指教育者在教学过程中根据国家确定的教育方针以及课程的教学内容、对象、任务，在尊重教育教学规律以及学生认知规律基础上设定和运用的相互联系、前后衔接的若干教学活动阶段。一般讲，它包括备课、上课、布置批改作业与辅导答疑、参观考察、学业成绩考查与评定五个环节。这几个环节的工作使教学活动形成一个有机统一的整体，在实际教学活动中，它也被认为是教育者对被教育者开展教育教学活动必须遵循的一般工作程序。

一、备课

所谓备课是指"教师根据教学大纲的要求和课程的特点，结合学生的具体情况，选择最合适的表达方法和顺序，以保证学生有效地学习"。备课是教学过程的起始环节，教学过程是教师有计划、有目的地对学生进行施教的活动，它不是随心所欲的。备课是教师上好课的先决条件。备课充分，教师熟练掌握授课内容，就能够驾驭课堂，提高教育教学的效果。

备课既是教学的起始环节，又是教师教育教学工作的基本功之一，也是教师持续提高教育教学能力的过程。教学能力是指思想政治理论课教师按照明确的教学目的、教学要求以及思想政治教育规律，为实现一定社会要求的教学任务开展有效教育教学活动的本领。在教学实践中，如果教师不认真备课，对所授课教材内容不熟悉，或一知半解，讲不清楚道理，课堂上只能照本宣科，无疑会误人子弟，对思想政治理论课来讲尤其如此。"要用好课堂教学这个主渠道，思想政治理论课要坚持在改进中加强，提升思想政治教育亲和力和针对性。"教师在实际教学工作中，必须重视备课环节。

（一）备课是对教学活动的精心预设

备好课是上好思想政治理论课的前提，也是提高教学的预见性和计划性，充分发挥教师教学主导作用的重要保证。备课，就要备教材，也就是要学习研究教学大纲、教科书，收集、查阅相关教学参考资料。现在高校使用的教材是马克思主义理论研究和建设工程重点教材，具有较高的科学性、权威性和针对性。但是，有了好的教材并不意味着教师就可以上好课。高校以青年人为主体，是各种思想和社会思潮的聚集地，高校学生处于世界观、人生观、价值观形成的关键时期，很容易受到各种错误思潮的干扰，对教学工作造成挑战。因此，教师要在备课环节上多花功夫，钻研教学大纲、教材，领会教材的内容和精髓，争取做到对教材有自己的见解，分清重点、难点，把教材体系转化为自己所拥有的知识、价值体系，也就是内化为自己本身所具有的知识智能结构。这一过程就如同烹饪，教材好比好的"食材"，本身具有营养价值，但其价值要靠厨师发掘利用，通过厨师的创造性劳动，使之成为"盘中餐"。同样，只有教师对教学内容精心设计，把所授知识融会贯通，加以适当的教学方法，才能让学生产生共鸣，唤醒学生求知的欲望。当然，备课也可以以集体的方式进行，如教研室教师集体备课，就某一内容或教学中遇到的热点难点问题展开讨论，从不同方面理清理论脉络与难点重点，进行教学设计，取长补短，集思广益，形成教案，选择教学方法等，然后组织教学。

（二）备课必须关注学生的思想动态

人的思想品德的形成是多种因素作用的结果，包括心理因素、思想因素、行为因素等。在教学过程中，教师要把知识体系转化为学生的信仰、价值体系，就必须关注学生的思想动态，从而引导学生的思想道德素质向社会需要的方向发展。教学是解疑释惑的过程，了解学生的思想状况是非常必要的，因为教学活动是对学生进行社会主义核心价值体系、核心价值观教育，与学生的思想状况密切相关，如果不了解学生所思所想所惑，教学是不可能有亲和力的。教师要在施教过程中尽可能地观察了解学生的思想政治表现、道德法律意识、行为价值取向，以及对国内国际形势及社会热点问题的看法。当然，在课堂上教师也能观察到学生的一些思想变化，课后与学生的交流也可以了解学生的一些真实想法。但是，这些学生思想变化的零碎信息，只能在课下思考。真正了解学生的精神生活世界，走进学生内心世界，是在教师备课过程中，结合对教学内容的思考，选择学生接受的角度，逐步完成的。当代高校学生，生活在科技发达的信息网络时代，关心国家大事，思维活跃，视野开阔，追求个性生活，价值取向尚不稳定，在某种程度上缺乏对网上各种信息的分析辨别能力，自律意识不强，表现出急功近利的浮躁心态。因此，教师需要了解学生的兴趣爱好、已有的知识能力水平、需求与思想状况、学习方法和日常生活习惯等等。教育教学的根本目的在于以学生为本，因此要确立人在教育中的崇高地位，关心人、尊重人、理解人，让教育教学成为人的生命和心灵发育成长的过程。在看到学生共性的同时，教师还要关注学生的个性发展，培养学生思想道德素质，促进其德智体美劳全面发展。总之，在备课中，教师要思考如何有效发挥学生学习的主体地位，建构平等、民主、合作的师生关系，调动学习积极性，变"要我学"为"我要学"。

（三）备课是对教学方法的综合运用

思想政治理论课各门课程教学目的有差别，教学要求不同。备课过程中可以充分利用各种教学资源，精神的、物质的、实体的、虚拟的、校内的、校外的等等，理论联系实际，使教学内容更加接地气。教学过程不仅是实践、认识的复杂过程，也是一个社会活动过程。现代信息网络技术的发展，为教师充分利用各种教学资源提供了十分便利的条件，教师可以把多媒体课件制作得更加符合学生学习的习惯。备课，除了把握教材的内容要求，了解学生的思想动态，还要思考如何把已经掌握的知识传授给学生，也就是如何根据教材教学内容，选择和确定教学方法。人们常说，"教学有法、教无定法、贵在得法"。根据教学内容，可以采用启发式、参与式、专题式、场景式、讨论式等教学方法，提高教学的针对性。哪些地方要精讲，哪些内容简单讲解或者不讲，哪些问题学生会有疑问，怎样启发学生的思维等。这些都要教师在备课过程中综合考虑后具体在课堂上组织教学。

（四）备课必须撰写教案

教案又称为课时计划，是教师上课时的依据和"路线图"，像导演指导演员表演要有剧本一样，教师上课不能没有教案的帮助，它是教师课堂上"表演"的"脚本"。没有教案，上课就没有章法，甚至会产生混乱，不能实现教学目的。备课过程中，通过学习研究教材，收集教学资源，对教学大纲、教学内容、教学方法等有了新的理解和认识，就要把备课的成果通过教案体现出来。撰写教案时，要分析教学内容的重点、难点，章节之间的内在逻辑；怎样实现教学目的，教学怎样导入，运用什么教学方法及教学资源，设计课堂提问的问题，教学活动的具体步骤，学时的分配等。一般来说，一个教案包括这样几个方面：班级、学科、上课时间、课题、课的类型、教学目的、教学方法、教学内容、课的进程和时间分配等。教案的构成中，教学进程部分是"重头戏"，应当花功夫写好，对教学内容进行详尽的设计。有了好的教案，还要处理好教案与制作多媒体课件的关系。由于信息科技的发展，多媒体技术广泛应用于思想政治理论课教学。多媒体课件是一种为展示特定教学内容，辅助开展教学活动的多媒体技术教学程序。它可以看作一个"简约版"教案，但是不能将教案全部"移动"到多媒体课件上。有学者提出多媒体课件应该"源于教材、高于教材"；还有人认为"课件的表现形式要体现'文本语言'转换为'教学语言'的特点"，"文本语言的多媒体化可以把'思想政治理论课'教材中的理论语言、政治语言、抽象语言转换成多种媒体语言，使教学内容更具有现场感和立体感"。多媒体课件作为一种教学的手段和工具，它的制作要有利于发挥教师教学的主导作用，服务于教学目标的实现；要有利于调动学生学习的积极性，提高教学的亲和力、针对性。因此，"教师应认真钻研教学内容和多媒体技术，起到教学的组织者、辅导者、研究者、管理者等多重身份的作用，充分发挥学生学习的主体作用，激发学生学习的积极性和主动性。这样，才能发挥多媒体课件的不可替代的作用。"

二、上课

上课是高校思想政治理论课教学活动的基本形式，是教师把教案、课件转化为教学实践的师生双边活动的过程，是全部教学工作的中心环节。提高教学质量，必须重视课堂教学。教师要通过上课将知识、价值观传授给学生。上课,应该用好多媒体课件并按照教案组织教学。但是,教师在课堂上面对的是有思想的学生,以灵活多样的方式讲授知识,不能局限于教案。"学生不爱听,教师不好讲"是当下很多高校思想政治理论课教师的共识。在信息化时代,很多与思想政治理论有关的知识,学生都可以很方便地获取;还有很多网络课堂可以学习,所以学生上课的积极性不高。

在教学实践中,对于怎样上课才能取得好效果,教师也是意见不一。在教学实践中,有教师提出了思想政治理论课教学的"五字诀",即"精、深、实、思、悟",这五个字是思想政治理论课课堂教学方法的基本内容。"精,就是在教材取舍,观点与原理的选择等方面要精。深,就是力量分析要深,并尽量使每一观点和原理都上升到方法论的高度。实,首先举例要实,用事实说话,事实胜于雄辩。思,就是讲授效果要发人深思,使学生听到某论联系到某事,听到某事联想到某论,听到某论某事联想到结果。悟,是指每一堂课下来,力求使学生真正地明了某方面、某一个甚至某一点道理,思想上能够有所收获,有所进步。"在"五字诀"基础上,教师还要更新教学观念、教学内容、教学手段,运用现代信息技术,提高教学质量。

教师可以从以下几方面入手,提高上课水平:

(一)明确目的

各门课程及一门课的教学目的有所不同,教学目的一般包括传授知识、发展智力、培养能力、塑造价值。教学活动要有明确的教学目的。教学目的是上课的"中心",把课堂教学统领起来,使教师的"教"与学生的"学"有机统一,有的放矢。与其他自然科学课程不同,思想政治理论课教学要解决"为谁培养人、怎样培养人"问题。在传授科学理论过程中,不是简单让学生理解教学内容,更重要的是引导学生培育和践行社会主义核心价值观。在教学过程中,教师一方面要发挥理想信念教育、价值引领作用;另一方面要发挥在学生科学世界观、人生观、价值观和思想道德修养方面的影响力,把科学理论内化于心,外化于行。

(二)内容准确

思想政治理论课有较强的科学性、理论性、针对性,教师一定要准确地讲授理论知识,讲清楚概念、基本理论及理论发展脉络,注意理论的完整性、系统性,在讲解、板书、提问、答疑等方面都要准确熟练地运用理论知识，使学生感受到理论的魅力与价值。注重在历史与现实结合上把握事物发展变化的规律，在理论与实践联系中答疑解难，增强学生理论自信。熟练掌握教学过程，放得开、收得拢，师生互动，有效调动学生听课、回答问题、思考的积极性。教育部原部长陈宝生说："切实提高高校思想政治理论课的质量和水平，要率先做好'最先一公里'的转化和进入问题。一方面，教师要将中国特色社会主义理论体系、党的理论创新最新成果切实转化为各学科的学理，转化为各学科的方法论，转化为思想政治理论课教师的话语体系，这三个'转化'至关重要。另一方面，要把握好'进教材、进课堂、进头脑'的核心内涵，使思想政治理论课的内容和方法从天上回到人间、从空中回到地上、从文本进入学生心中，内化为学生实践的方向和准则。"

（三）灵活多样

好的教学效果离不开适宜的教学方法。从教学的角度看，内容与方法是相辅相成的，内容决定方法，方法服务内容。教学方法的运用必须符合师生和教学内容的特点、学校现有的教学条件，这样有利于实现教学目的。任何教学方法都有其长处，也有其不足，一切从实际出发，根据实际选择合理的方法，不能千篇一律。在教学实践中，选择的方法力求使教师教学的主导作用和学生学习的主体地位得到凸显，充分调动和发挥教师"教"与学生"学"的积极性。方法是为学生掌握所学内容服务的，方法是否有效也要由学生学习效果来检验。不论使用哪种教学方法，都要有利于激发学生学习兴趣，提高教学亲和力、针对性。教学方法的运用要在符合教学规律基础上，体现教师个体性差异。方法的运用还离不开对教学规律的把握，根据课堂授课内容、目的要求、不同专业学生特点，通盘考虑，灵活应用。不同的教学内容，需要不同的教学方法。同样的教学方法，不同的人产生的效果差别很大。教师要在教学实践中，不断地积累经验，扬长避短，虚心向专家同行学习，摸索适合自己的教学方法，形成自己独特的教学特色与艺术风格。教育部、各省市教育主管部门陆续推出高校思想政治理论课教学方法改革，执行"择优推广计划"，支持一线教师开展教学方法改革研究，这对思想政治理论课教学方法的创新起到积极的促进作用。

（四）课堂氛围和谐

在教学过程中，教师是教学的主体，发挥主导作用，学生是教学的对象和学习的主体，教师要彰显自己在教学中的主导作用，激发学生对理论知识的需求，发挥其学习的主动性，形成双向互动的教学氛围。教师上课应声情并茂，深入浅出，旁征博引，动之以情、晓之以理，有吸引力、感染力，引起学生思想共鸣。从教育心理学的角度看，课堂氛围和谐，学生的学习主体地位得到充分重视，其学习积极性较高，大脑皮层处于并保持适度的兴奋状态，容易接受教师的讲课及多媒体课件传递的信息，在不知不觉中受到教育和启发。学生认真听课，注意力集中，能够踊跃回答教师提出的各种问题，更能激发教师教学的积极性；相反，则很难体现学生学习的主体地位，不可能有好的教学效果，会严重挫伤教师上课的积极性，教学目的也难以实现。当然，课堂纪律也是维护教学的手段，调动学生学习积极性，活跃课堂氛围，也要有度有序，否则会影响正常教学秩序。在教学实践中，教师要注重提升个人思想政治素质，言教与身教结合，树立良好的自身形象，尊重学生，关爱学生，建立融洽的师生关系。

（五）有效控制教学进程

在课堂上，教师授课是按照课前准备的教案、多媒体课件进行的，教学内容会有相应的时间安排。在调动和发挥学生学习积极性时，要注意把握课堂进度。当然，也可以根据具体的教学情况，对教学进程进行适当的调整，以提高教学效果。教学效果是教学追求的目标之一，良好的教学效果表现在课堂上，就是学生不做与课程学习无关的事，注意力比较集中，认真听讲、做笔记，积极回答问题，能够理解讲课内容。当然，要全面了解学习效果，还需要通过作业、测验、考试作进一步的观察。最终的希望是实现教学目的，学生把所学理论知识，内化于心、外化于行，能够做到知行合一。

三、布置批改作业与辅导答疑

布置和批改作业是教学工作的一个辅助环节，是课堂教学活动的延续。其目的在于帮助学生消化课堂所学知识，巩固课堂教学效果，培养运用所学理论知识分析问题、解决问题的能力。作业类型可以分为课内作业、课外作业。作业的内容可以是让学生观看一段视频或电影写观后感，阅读报刊文章、书籍撰写读书心得体会，就某一社会问题发表自己的看法，回答课后思考题等。教师布置作业时要注意以下几方面：一是作业范围要与教学大纲、教学内容、学生认知水平紧密相关，有助于学生深入理解所学理论知识，培养好的思想品德，提高素质。二是作业量要适当，难度要适宜。综合考虑学生素质差别和学习负担，作业量不宜大，应少而精，兼顾质量要求。学生通过独立完成作业，提高运用理论知识解决问题的能力。三是要提出完成作业的时间、质量要求。对于难度大的问题，教师可以给予方法上的提示。四是做好批改工作。教师对学生的作业要认真批改，通过批改作业可以发现在教学及学生学习过程中存在的问题，从而改进教学方法，指导学生更有效地学习。对于作业中出现的错误，教师分析性质、找出原因、帮助学生改正；对分析透彻、说理清楚的同学给予表扬。

辅导答疑也是教学工作的一个辅助环节，是课堂教学的必要补充。辅导答疑有利于贯彻因材施教的原则，实现教学目标。辅导要解决学生学习过程中的困难和疑问，特别是帮助学生掌握科学的学习方法，提高学习效率。答疑分为个别答疑和集体答疑两种形式。教师可以利用QQ、微博、微信、电子信箱等为个别同学解疑释惑，满足学生的求知要求；对于同学们普遍关心的热点难点问题可以在课堂上集体答疑，也可以为学生提供参考资料，让学生学习理解。

四、参观考察

实践是思想政治理论课教学活动非常重要的环节。因此，有计划地组织高校学生到社会上参观考察是思想政治理论课教学的重要内容。思想政治理论课教学的鲜明特点是政治性、理论性比较强，课堂讲授偏重科学理论的系统性，理论知识与学生关注的问题联系得不够紧密，亲和力不够、针对性不强，难以引起学生学习的兴趣。从辩证唯物主义认识论看，人的思想认识往往要经过感性认识上升到理性认识，一个正确认识的获得需要经过由实践到认识，再由认识到实践的多次反复才能实现。科学理论来源于人民群众的伟大实践，中国特色社会主义是改革开放以来中国共产党的全部理论和实践的主题，是中国特色社会主义理论体系形成的深厚土壤。人的正确思想认识形成的科学路径，在于理论与实践相结合，实事求是；在实践中检验和发展真理，才能增强对中国特色社会主义道路自信、理论自信、制度自信、文化自信。

课堂上，教师讲解理论知识是非常重要的，但实践教学也是提高教学质量的重要手段。当代高校学生生活在信息化时代，思想活跃、视野开阔，往往缺少实际生活的体验，阅历比较浅，有深入社会学习实践的需求。理论联系实际，让高校学生走出课堂、走进社会，接触人民群众，通过亲身实践，感受中国特色社会主义在经济建设、政治建设、文化建设、社会建设、生态文明建设方面日取得的巨大成就，了解社情民意，实现从感性认识到理性认识的飞跃，深化对社会主义核心价值体系、社会主义核心价值观的认识，拥护党的路线、方针、政策，为实现中华民族伟大复兴而奋斗。

参观考察在教师的带领指导下有组织、有目的地进行，才能收到好的效果。首先，参观考察的目的要明确。考察不是带学生到校外走马观花，而是结合教学内容作出适当安排，让学生在活动中，加深对所学理论知识的理解，增进对人民群众的感情、增进对中国国情的认识、增进对中国特色社会主义道路的认同。其次，选取有代表性的场所作为考察对象。可以组织学生参观革命战争遗址、革命纪念馆、烈士陵园、社会主义精神文明建设先进单位，走访英模人物等，让学生深切感受革命先辈为中国人民的独立、解放事业所作出的历史贡献以及改革开放和社会主义现代化建设取得的巨大成就。最后，参观考察要提前作好计划。由于活动参与人数多，周密安排是非常必要的，除了安排好交通工具、食宿外，尤其要注意做好安全教育工作，确保实践教学有序进行。教师要对参观考察提出明确的要求，并对实践教学活动的成效进行评估，以便进一步组织好此类活动。参观后，学生要撰写参观考察感受，作为平时成绩的一部分。

五、学业成绩的考查与评定

学业成绩的考查与评定也称为学业成绩的测评或考试，是指教师根据教学大纲、教学目的和任务要求，采取多种方法，对学生的学习情况进行全面审视，了解学生对教学内容领会掌握的程度以及运用所学理论知识解决问题的能力。它是教学工作的检查环节，一方面教师可以了解教学活动的效果，教学重点难点内容是否为学生所理解，教学方法是否受到学生的认可，以便进一步改进教学工作。另一方面，教师可以对学生进行有效的引导、控制、调节，使之努力完成学习任务，掌握必备的理论知识，调动学习积极性，把知识能力转变为自身的思想道德素质。

目前，学生学业成绩的测评主要有两种方法，即考查与考试。考查是指教师在日常教学工作中，通过观察学生的学习态度、课堂回答问题情况，检查布置的作业，书面测验，参观考察等方式进行。考查可以口头也可以书面，口头考查最常用的是课堂提问，也可以在期中考试时以口头的方式进行。书面考查也就是以正式形式进行，如让学生回答课后的题目，撰写参观调研报告、论文、读书笔记等，也可以在课堂上进行闭卷或开卷测验。目前，一些高校积极尝试利用新的教学技术推出慕课、微课，进行线上与线下相结合的混合式教学，让学生观看教师授课视频、阅读电子教案，然后进行测验，这不失为一种有效的考查方式。考试是指根据教学目的，让学生在一定时间内，解答教师预先设计的一定数量的各类题目，从而观察了解学生对所学内容的掌握运用情况及解决问题能力的一种方法。考试可以采用笔试或口试；考试分为期中、期末两种，可以开卷也可以闭卷。考查或考试结束后，教师要运用试卷分析软件对学生的考试情况进行全面的分析，找出"教"的方面存在的不足之处，"学"的方面取得成绩的原因，总结"教"与"学"的得失，为进一步搞好教育教学工作提供参考。无论是考查还是考试，教师要树立正确的教育思想观念，按照教学大纲、教学计划以及学校的管理规定，认真组织考查、考试，发挥其对学生学习的引导指向作用。考查、考试以后，在学期末，教师需要结合学生平时学习情况对其学业成绩作出综合评定。评定学生成绩要求教师尽量做到客观、公正、公平，发挥其对教学的积极促进作用。根据课程是考查课还是考试课，记分形式可以采用百分制，也可用五级记分制（优秀、良好、中等、及格、不及格）。

当前，思想政治理论课程无论是采用考查还是考试方式都比较偏重测试学生对教材知识体系的掌握情况，但在检验学生运用所学理论知识解决实际问题的能力，是否形成正确的价值观、道德观、法治观等方面还存在不足。因为，思想政治理论课教学的根本目的是要使学生做到"真学、真懂、真信、真用"，也就是将所学理论知识"内化于心、外化于行"。所以，教师和教学管理部门要从实际出发，探索建立更为有效的、科学的学生学业成绩的考查与评定办法，使之更好地发挥对学生学习的导向作用。

第三节 高校思想政治理论课教学过程的优化

思想政治理论课教学过程是教育者对受教育者施加系统影响，促使受教育者通过自我修养、自我管理，接受科学的思想观念，内化于心、外化于行，并反馈给教育者的一个循环往复的运动过程。它包括教育者（教师）、受教育者（学生）、教学介体（教学目的、教学内容、教学方法、活动形式）、教育环体（教育环境）等四种基本要素。从某种意义上讲，思想政治理论课教学就是上述基本要素之间相互作用、相互影响、相互联系构成的一个矛盾统一体及其运动变化过程。从教育教学的实践看，要提升思想政治理论课的教学实效性，教师就要考虑如何有效地统筹协调教学过程中的各种要素，并使之更好地发挥协同作用，也就是怎样优化教学过程的问题。苏联教育家尤里·康斯坦丁夫·巴班斯基提出的教学过程最优化理论为我国教育教学提供了借鉴。所谓教学过程最优化，是指在全面考虑教学规律、原则、现代教学的形式和方法，以及该系统的特征及其内外部条件的基础上，组织对教学过程的控制，以保证过程（在最优化的范围内）发挥在一定标准看来最有效的作用。也可把教学过程最优化理解为：教师有目的地选定一种建立教学过程的最佳方案，保证在规定时间内解决教养和教育学生的任务，并取得尽可能最大的效果。"最优化"包含五个方面：

第一，遵循教学规律。根据教学规律所论证的原则、方法、形式和教学手段来进行教学。

第二，考虑条件。既包括教学的外部条件，又包括师生的实际情况。

第三，选择方案。比较各种可行方案，根据实际情况选择最佳方案。

第四，调控活动。随时控制和调整师生教学活动的进程。

第五，获得效果。在规定的时间内，获得最大可能的效果。

上述五方面缺一不可，但关键是选择最佳方案，其本质是获得最优效果。

一、优化高校思想政治理论课教学的前提

辩证唯物主义认为事物是由矛盾构成的，矛盾有主要矛盾和次要矛盾之分；矛盾可分为主要方面和次要方面；事物的性质是由矛盾的主要方面决定的，矛盾是事物发展的根本动力；矛盾的双方既对立又统一处于统一体中，矛盾双方力量对比的变化，必然引起事物的发展变化。世界是物质的，物质是运动的，运动是有规律的，规律是可以认识把握的。所谓规律是指事物在运动过程中固有的、本质的、必然的联系，它决定着事物发展的必然趋向。高校思想政治工作、教书育人、高校学生成长都可以看作是一个包含诸多矛盾运动的事物，在各自的矛盾运动过程中，都会表现出一定的规律性。研究这些规律对于做好高校育人工作具有十分重要的指导意义。

（一）高校思想政治教育要遵循的规律

1.遵循思想政治工作规律

思想政治工作是经济工作和其他一切工作的生命线，是团结全党全国各族人民实现党和国家各项任务的中心环节，是我们党和中国特色社会主义国家的重要政治优势。我们党历来高度重视高校思想政治工作，在育人实践中，逐步探索形成了一系列基本方针、原则和工作遵循。党的十八大以来，以习近平同志为核心的党中央把高校思想政治工作摆在突出位置，作出了一系列重大决策部署，各地区、各有关部门、各高校采取有力有效措施，围绕立德树人，积极主动开展工作，在新的实践中，创造了许多成功做法，积累了许多宝贵经验。这些方针、原则、经验反映了中国共产党思想政治工作的内在本质和客观规律，为人们做好新形势下的高校思想政治工作提供了支持。"思想政治工作规律是思想政治工作本身所固有的、本质的、必然的联系。其主要规律有：灌输规律、疏导规律、思想政治工作结合业务工作一道去做的规律、解决思想问题与解决实际问题相结合的规律等。关于思想政治工作的规律，目前说法不一，有待于在实践中进一步概括和总结。"进入全球化、市场化、信息化时代，随着以网络技术为支撑的信息科技的迅猛发展，思想政治工作的大环境和媒介都发生了很大变化，如何开展网上思想政治工作，怎样看待网络思想政治工作的规律，网络思想政治工作规律包括哪些方面等，都需要人们在实践中去研究、去探索、去发现。遵循思想政治工作规律对办好中国特色社会主义高校具有

重要的作用。

高度重视思想政治工作是我们党的优良传统和政治优势，是国家软实力的重要体现。我们党在革命、建设、改革实践中，把思想政治工作作为教育群众、团结群众、组织群众、动员群众为实现自身利益而奋斗的强大武器。思想政治工作涉及全社会各行各业，高校思想政治工作既是我国高校的特色，又是我国办好社会主义大学的优势。当今世界的综合国力竞争，说到底是民族素质的竞争。科技是第一生产力，人才是第一资源。教育对提高人民群众的思想道德素质和科学文化素质、发展科学技术、培养各方面人才具有基础性作用。我国要从人口大国变成人才强国，迈入创新型国家行列，实现从富起来到强起来的历史性跨越。

2.遵循教书育人规律

高校思想政治理论课教育教学是党的思想政治工作的重要组成部分，是高校学生思想政治教育的主渠道，其关系为谁培养人、培养什么样的人、怎样培养人这三个根本问题。高校的根本任务是立德树人，思想政治理论课是教育人、培育人的工作。人的教育包括德育、智育、体育、美育等方面，其中德育为先。教书育人，最主要的是育德，也就是要教育学生养成良好的思想品德。德是做人的根本，只有树立科学的理想信念和社会主义核心价值观，系好人生的"第一粒扣子"，学习才有动力，前进才有方向。教师必须在教学活动中遵循教书育人规律。所谓教书育人规律，是指"教育者在培养教育对象成长、发展的过程中，教书和育人固有的、本质的、必然的联系；其中教书和育人的性质、目的和内容是教书育人的根据和发展变化的基础，是最重要的本质联系"。同其他客观规律一样，人们不能创造、改变或废除教书育人规律，只能发现和认识它，研究怎样利用它更好地为培养社会主义人才服务。一般说来，教书育人规律包括因材施教规律，有教无类规律，身教与言教相统一规律，德育的知、情、意、行相结合的规律，学校、家庭、社会教育相协调规律，第一课堂与第二课堂相结合规律，线上与线下教学相结合规律，人的全面发展的规律，等等。

3.遵循高校学生成长规律

人才的成长是有规律可循的。古往今来，在历史的长河中，中华民族产生了众多的英雄人物、能工巧匠，他们为中华民族的进步作出了重要的历史贡献。

作为受教育的对象，高校学生要成为中国特色社会主义事业的合格建设者和可靠接班人，其成长不是盲目的，而是有目的的。高校学生成长不仅要受自然规律支配，还体现在其身体组织器官的发育变化，身体长大成为一个自然人；更重要的是要完成人的社会化进程，成为社会合格的成员，承担社会发展进步的责任。高校学生成长过程中各种素质培养、能力的锻炼不是一蹴而就的，是一个动态的、持续的过程，其成长也是有规律可循的。所谓高校学生成长规律是指高校学生成长发展过程中各种素质、影响因素之间所固有的、本质的、必然的联系。从人才学的角度看它主要内容包括以下几方面：

（1）高校学生成长过程和阶段规律，如大学阶段的特征及其发展规律。

（2）高校学生成长的内在因素及其规律，包括先天形成的素质和后天通过学习实践形成的思想、道德、法律、学识、见识、才能、创新等诸因素在高校学生成长中的相互作用、相互影响及其发展规律。

（3）高校学生成长的外在因素及其规律，包括高校学生所处的自然环境与社会环境；高校学生与其所处时代、社会需要、时机；高校学生与所在地区、单位、家庭，人际关系，社会物质生活条件等相互关系、作用及发展规律。

（二）思想政治工作规律、教书育人规律和高校学生成长规律的联系

思想政治工作历来是我党工作的重中之重。思想政治工作是以人为对象、做人的意识形态工作的。就现阶段讲，它从总体上是为了使人们的思想与行为更加适应中国特色社会主义改革与发展的需要，符合党继续统筹推进经济建设、政治建设、文化建设、社会建设、生态文明建设"五位一体"总体布局，协调推进"四个全面"战略布局，贯彻"新发展理念"，实现中华民族伟大复兴实践的要求；并通过思想政治工作帮助人们逐步克服那些与中国特色社会主义不相适应的思想和行为，增强道路自信、理论自信、制度自信、文化自信，增强对坚持党的领导的信念。思想政治工作的首要任务，就是使人们树立马克思主义世界观、人生观、价值观，自觉培育和践行社会主义核心价值观，逐步克服各种非马克思主义、非社会主义的思想意识。思想政治工作自身特殊矛盾的本质，决定了思想政治工作的基本规律，它包括：按照中国特色社会主义事业的需要和人们思想与行为活动规律，来确定思想政治工作在党和国家全局中的重要地位、作用及其目的、任务、内容、方针、原则、方法、手段，政工队伍建设，政策支持等问题，引导调动人们改造客观世界的积极性和主动性，保证党的路线方针政策等政治任务的贯彻落实。思想政治工作的其他规律及思想政治工作的一切内容、形式、方法、活动等，都要服从这个基本规律的要求。

习近平总书记在全国高校思想政治工作会议上指出："高校思想政治工作实际上是一个解疑释惑的过程，宏观上是回答为谁培养人、培养什么样的人、怎样培养人的问题，微观上是为学生解答人生应该在哪用力、对谁用情、如何用心、做什么样的人的过程，要及时回应学生在学习生活社会实践乃至影视剧作品、社会舆论热议中所遇到的真实困惑。提升思想政治教育亲和力和针对性，满足学生成长发展需求和期待，是新形势下提高高校思想政治工作时效性的关键。"教书育人是指教师按照党的教育方针政策的要求，向学生传授系统的科学知识，培养学生的技能，提高学生的素质和能力；同时以马克思主义、毛泽东思想、邓小平理论、"三个代表"重要思想、科学发展观和习近平新时代中国特色社会主义思想为指导，对学生进行思想道德教育和法治教育，帮助学生树立正确的世界观、人生观、价值观，培育和践行社会主义核心价值观，促进学生德智体美劳全面发展的过程。与思想政治工作一样，教书育人是由人——教师具体实施的；教育的对象也是人——学生，从某种意义上看，教书育人也是做人的工作，通过育人使人形成社会所希望具有的思想品德。"研究、揭示教书育人规律，就是为了认识教书育人的本质、作用，克服教书育人的盲目性，增强教书育人的自觉性，发挥教书育人的作用。"当今时代，我国正处于开放的国际环境与多元文化背景之中，青年学生正处在世界观、人生观、价值观形成的关键时期。立德树人、德育为先更有紧迫性和必要性。德育为先，教师要在继承创新的基础上，把思想政治理论课程与课程思想政治结合起来，把理想信念教育作为重点，把弘扬中国精神——以爱国主义为核心的民族精神和以改革创新为核心的时代精神作为重要内容，引导和教育学生自觉践行社会主义核心价值观，把德育渗透于高校教学、管理、科研、服务工作的各个环节。研究教书育人规律的目的就在于使教师更好地在教育教学活动中把教书与育德育人结合起来，克服只教书不育人，或者为了完成教书任务而忽视育人等违背教书育人规律的现象。

高校思想政治工作、教书育人和学生成长都可以看作由各种要素构成的矛盾统一体。研究上述三个方面的规律，就是在思想政治工作、教书育人和高校学生成长过程中，搞清楚各种要素之间互相作用、互相制约、互相影响所形成的固有的、本质的、必然的联系，增强工作的预见性和主动性，更好地为发展中国特色社会主义服务。"教育规律不同于自然规律，并不存在既定的'普遍、必然、永恒'的放之四海而皆准的'立德树人'教育规律。教育规律是自为的，而不是自在的；是其内涵价值应诉求的，而不是外在要求的；是在教育实践中'创造'出来的，而不是'发现'出来的；是在一定的历史、社会境遇中，通过教育活动表现出来并存在于教育活动之中的某种本质联系和法则的必然趋势。"这就要求教师以马克思主义为指导，立足新的实践，大胆探索，研究新情况、解决新问题，深刻认识思想政治工作规律、教书育人规律和高校学生成长规律，促进高校各项事业健康发展。

（三）思想政治工作规律、教书育人规律和高校学生成长规律的区别

规律也称为法则。辩证唯物主义认为世界上的事物、现象千差万别，存在着多种运动形式，就会有不同的规律。就其根本内容来讲可将其分为自然规律、社会规律和思维规律。各种规律的表现形式是不一样的，甚至会有显著差别，社会规律必须通过人们的自觉活动表现出来。思想政治工作规律、教书育人规律和高校学生成长规律均属于社会规律范畴。但上述三个规律的表现形式、发挥的作用有很大的差异。一个社会的政治、经济、文化制度，决定着教育的性质，即决定着教育的思想政治方向和为谁培养人的问题。马克思主义是立党立国之本，思想政治工作是经济工作和其他一切工作的生命线，思想政治工作规律是中国特色社会主义十分重要的规律，它对教书育人、高校学生成长规律具有制约和导向作用。习近平总书记指出："要坚持不懈培育优良校风和学风，使高校发展做到治理有方、管理到位、风清气正。"搞好教书育人工作，教育人者，首先要让自己接受教育。教师必须加强自身修养，具备良好的思想道德素质和马克思主义理论水平，这样才能承担起教书育人的职责，无愧于人民教师的称号；教师要坚持德育为先，把思想政治教育贯穿教育教学全过程。反之，如果在教书育人、学生成长过程中，无视思想政治工作规律的制约，随心所欲，就不可能成为合格的教师，更不可能培养出社会需要的优秀人才。

教书育人规律对学生健康成长有着十分重要的作用。古语讲"近朱者赤，近墨者黑"，如果教师不能以正确的思想观念和科学理论教育人，就会误人子弟，甚至使学生成长发生逆转，不但成不了才，还可能成为社会的"次品"或"危险品"，这是违背师德的。思想政治工作规律、教书育人规律都会对高校学生成长过程产生重要影响。古往今来，教育是一定社会的政治、经济、文化的反映。同时，一定的教育又对该社会的政治、经济、文化产生重要作用，从而影响一定社会生产力与生产关系的发展。高校学生的成长实践证明"个人越是与某种意识形态认同，他在以这种意识形态为主导思想的社会中就越显得得心应手"。高校学生要成长为一个优秀人才，德育素质是首要的、最根本的素质。一个人只有自觉学习马克思主义，提

高自身思想政治理论水平，德智体美劳全面发展，才能成为社会需要的人才。

　　无论是自然规律、社会规律，还是思维规律，它们都是客观存在的。人们既不能创造它，也不能消灭它。思想政治工作规律、教书育人规律和学生成长规律都包含着不同的构成要素，一方面三个规律的要素之间相互联系、相互影响；另一方面三个规律之间也会在中国特色社会主义制度环境下发生互相作用。在社会实践中，人们就是要通过大量的外部现象去认识或发现它们之间存在的固有的、本质的、必然的联系，去认识和把握规律，并用这种认识去指导思想政治工作、教书育人活动以及学生成长过程，也就是利用对教育规律的认识，改进和加强思想政治工作，提高教书育人水平，促进高校学生成长，为全面建成社会主义现代化强国而服务。思想政治工作规律、教书育人规律和高校学生成长规律关注的对象都是人，因而从这个意义上讲它们又是教育规律。思想政治工作者、教师、学生都要从实际出发，实事求是，结合时代特征，国家经济、政治、文化、社会、生态文明建设发展的需要和立德树人的教育使命，学生成长目标，去认识这些复杂的矛盾运动背后存在的规律。在思想政治工作、教书育人和高校学生成长过程中，要遵循客观规律，按照客观规律办事，提高思想政治工作水平、教育质量，培养更多优秀的学生。

二、发挥教师教学的主导作用

　　教学活动是师生之间复杂的共同的实践认识活动，教与学之间的矛盾是教学过程的主要矛盾，教师与学生是影响和决定教学成效的最根本的因素。优化教学过程、提高教师教学的针对性和亲和力，最终必须体现在教师的教学与学生的学习上。师生主体性的充分彰显，是优化思想政治理论课教学的直接推动力。一是从教师方面看，教师作为教学活动的主体，要积极发挥对教学的主导作用。在教学实践中，教师要坚持"德智体美，以德为先"原则，从立德树人，培养德智体美全面发展的社会主义事业建设者和接班人这一教育教学的目标出发，把握教育教学规律，全面了解学生的思想状况，真心关爱学生、理解学生，助力学生成长；教师要善于把教材体系转化为教学体系，有的放矢进行教学，坚持科学的灌输原则，运用灵活多样的教育教学方法、手段，推进马克思列宁主义、毛泽东思想、中国特色社会主义理论体系，进教材、进课堂、进学生头脑，不断提高学生的思想道德素质和法律素质。

二是从学生方面看,要注意激发学生的学习动力,满足学生学习需求,培养学生学习的兴趣,变"要我学"为"我要学"。

当今快速发展变革的社会大背景下,高校学生作为青年人中思想最为活跃的群体,面对学业、生活、交友、情感、就业、创业等问题,需要人们去聆听他们的心声。要回答这些问题,高校学生必须努力学习思想政治理论课,掌握马克思主义理论,用科学的理论武装头脑,树立马克思主义世界观和方法论。学会用马克思主义的立场、观点、方法,分析问题、解决问题。科学的理论只有为人民群众所学习并掌握才能产生实际的影响。思想政治理论课教学,在讲授理论知识时,具有较强的抽象性,因为理论知识由于远离了感性的具体的事物,需要靠人们的思维才能把握,因而它是抽象的。高校学生必须端正学习目的,真正学好学深学透理论知识,必须掌握科学的学习方法,这还要花费一番功夫。学生在学习过程中要善于把抽象的理论知识与生动的社会实践结合起来,培养、锻炼学习好思想政治理论课的坚强意志,深化理论知识的学习,下功夫掌握贯穿其中的马克思主义的基本立场、基本观点、基本方法。学习的目的在于运用,教师的思想理论供给与学生思想理论需求之间有时并不能完全对接上,教师要坚持问题导向,理论联系实际,解疑释惑,努力把思想政治理论课变成学生真心喜爱的课程。

第五章 新时代高校思想政治理论课实践教学

实践教学是思想政治理论课教学体系不可或缺的重要组成部分，是加强和改进高校学生思想政治教育，增强思想政治理论课实效性的重点、难点和着力点之一。长期以来，思想政治理论课教学工作中存在理论与实践结合不够紧密的问题，这需要高校思想政治教育工作者花费时间和精力去解决。本章主要研究思想政治理论课实践教学的内涵、形式及作用，并就高校如何因地制宜，充分有效地挖掘、利用所在地方德育资源，加强和改进思想政治理论课实践教学，提高思想政治理论课实效性等问题作一些探讨。

第一节 高校思想政治理论课实践教学的基本内涵及形式

一、高校思想政治理论课实践教学的基本内涵

高校思想政治理论课实践教学作为思想政治理论教学过程的基本阶段、必要环节和重要方式，其基本内涵是为了进一步巩固与深化思想政治理论课课堂理论教学成效，引导与组织学生开展形式多样的、校内外的理论联系实际的实践活动，以培养新时代高校学生认识、分析和解决实际问题的能力，真正把学生培养成为中国特色社会主义事业合格建设者与可靠接班人。

界定与明确思想政治理论课实践教学的基本内涵，重点在于把握其目的。实践

教学是高校思想政治理论课教学的重要组成部分，其教学的目的是引导学生理论联系实际，在实践中树立科学正确的世界观、人生观和价值观，并能够在实践中运用马克思主义的观点、立场和方法去认识问题、分析问题和解决问题。特别是通过实践教学，让高校学生更加具体深刻地明白"中国共产党为什么'能'，马克思主义为什么'行'，中国特色社会主义为什么'好'"等基本道理，从而坚定理想信念；更加明确清晰地认识到"青年乃国家之未来，青年一代有理想、有本领、有担当，国家就有前途，民族就有希望"，进而强化雄心壮志；更加清楚地意识到新时代高校学生肩负着实现中华民族伟大复兴的历史重任，进而增强使命感。总之，通过实践教学，进一步使"新时代高校学生深化思想认识，提高政治素质，锤炼实际能力，真正把高校学生培养成为中国特色社会主义事业的建设者和接班人"。

界定与明确思想政治理论课实践教学的基本内涵，也在于掌握其实践教学的主要途径与方式。所谓思想政治理论课实践教学，其最鲜明、最突出的特征就是让高校学生走出教室，进入现代社会与现实生活实际当中。这是学生将课堂理论学习付诸实践的过程。也就是说，使高校学生更进一步在实践中理解与消化理论，在实践中运用与检验理论，在实践中锻炼与提高政治素质与思想水平。可见，这也是一个进一步引导高校学生学习、锻炼、内化、提升的极其重要的教学环节与阶段。其主要途径与方式有以下几个方面：一是校内的实践教学，如课下教师指导学生自主开展相关内容的宣讲、表演、竞赛等活动；请优秀管理者、地方领导、知名学者、先进团队代表等作专题报告或座谈讨论等。二是校外的实践教学，如进行"社会考察，进入厂矿企业、农村社区进行调研；开展红色参访，到革命纪念馆、烈士陵园、红色旧居和革命遗址等进行参观访问；参加公益活动，走进养老院、车站、广场、街道等，开展宣传、清洁、服务等公益活动"。

界定与明确思想政治理论课实践教学的基本内涵，还在于明确其意义之所在。显然，实践教学的意义不是为活动而实践，而在为巩固与深化课堂教学效果，是极其重要、必要，也是极为迫切的教学内容与方式。可以说，实践教学是课堂教学的继续与深化的重要教学阶段，是理论付诸实践的必要教学环节，是巩固与提升课堂教学效果的不可或缺的教学方式，是促进知行合一、避免空洞说教的有效教学举措。特别是在当前形势下，加强与改进思想政治理论课实践教学也是极其紧迫的。教师必须清醒地认识到，当今世界正处于百年未有之大变局，经济全球化不断演进，多元化的文化对高校学生价值观的形成带来较大影响。这就迫切要求高校思想政治理论课发挥思想政治教育主阵地和主渠道的作用，积极广泛地开展实践教学，以提高思想政治理论课的时效性与实效性。因此，"实践教学在高校思想政治理论课教学中的地位和意义日益凸显，越来越成为高校思想政治理论课打造全方位育人、全员育人和全过程育人的关键环节。"

二、高校思想政治理论课实践教学的形式

实践教学作为思想政治理论课教学体系的重要内容，对于实现教学目标，发挥其引导政治方向、规范行为、激发精神动力、塑造个体人格具有显著的功效。立足于教学实际，因地制宜，积极探索适应高校学生学习特点、体现教学内容和教学规律的思想政治理论课实践教学的有效形式，对于提高教学的亲和力和针对性有重要意义。

实践教学的形式分为多种。根据上文对实践教学内涵的理解，思想政治理论课的实践教学，可以划分为课内实践教学和课外实践教学两种基本形式；根据实践教学的呈现形态可以分为实景实践教学和虚拟实践教学；根据开展实践教学的主体可以划分为思想政治理论课教师主导的实践教学、党组织开展的实践教学、团组织与学生组织及社团组织开展的实践教学（即高校学生社会实践）等，还有混合式的分类方法对实践教学形式的分类等。目前主要以实践教学的最为常用的形式划分，分为课内实践教学、课外实践教学、虚拟实践教学三种。课内实践教学与理论课教学结合紧密，便于教师指导，方便学生参与；课外实践教学贴近现实生活，空间范围大，有利于学生获得多种体验；虚拟实践教学不受时间空间限制，使学生全员参与，三种形式综合运用，能够拓宽高校学生参与面，提高实践教学的实效性。下文主要采取混合式的分类方法对实践教学形式进行分类：

（一）课内实践教学

课内实践教学是指以课堂为时空，结合理论学习，由教师组织学生实施的实践教学活动。课内实践教学活动是一种非常有效的实践教学形式，相对参观考察、社会调查、服务社会等其他实践教学形式，它灵活方便，与课程深度结合，学生参与面大，有利于师生互动交流思想，激发学生学习热情。课内实践教学主要有以下几

种形式:

1. 课堂讨论

课堂讨论是一种较为常见的实践教学形式,教师根据教学内容,把学生分成若干小组,结合教材或现实生活中学生关注的热点、难点问题,社会问题,提前把需要问题布置给学生,课后让学生查阅资料准备答题,小组成员在一起分析问题,提出自己的见解,然后在课堂上让每个小组的学生代表回答问题,师生共同讨论,教师对学生的发言进行点评,分析总结,提出改进意见。课堂讨论能够创设一种民主平等的教学环境,有利于发挥学生学习积极性,培养学生思维能力、合作精神,达到取长补短,共同提高的目的。

2. 演讲活动

演讲活动又叫演说或讲演,是指在教师的指导下,学生以某一问题为演讲主题,查阅学习资料,撰写演讲稿;然后在课堂上以声音语言为主要手段,辅以体态语言,针对某个与学习有关的具体问题,声情并茂、立场鲜明地发表自己的见解或主张,阐明事理或抒发情感,进行宣传、教育、鼓动的一种实践活动。演讲可以让学生全员参与,也可以分成若干小组进行,时间应该控制在合理范围内,还可以组织评分小组,制定评分标准,把演讲评分作为平时成绩的一部分。演讲结束后,教师要对演讲进行点评总结,指出不足,以利于今后提高学生的写作水平和口语水平,这是一种实用的简单有效的实践形式。

3. 情景模拟

情景模拟是指根据教学内容需要,模拟一定的社会环境,让学生扮演一定的角色,反映现实生活中的一些社会现象,引导学生思考问题,使学生感受身边真实发生的事件,从中获得感悟和启发并接受教育的形式。例如,"思想道德修养与法律基础"课程,就可以利用由学生自编自导模拟情景剧的方式来教育学生,它寓教于乐,使学生感受到现实环境的影响,并留下深刻印象。随着智能手机的普及,可以让学生把情景模拟拍成视频,在课堂上播放,发挥学生自我教育的独特作用。

(二)课外实践教学

课外实践教学是指与思想政治理论课理论学习相联系,教师有目的、有计划、有组织地安排学生深入社区、工厂、农村、纪念场馆、教学基地,通过现场学习、参观考察、实地调查、服务群众等方式,了解国情,感知社情民意,学习革命传统,在实践中受教育、长才干、作贡献的一种教学模式，主要有以下几种形式：

1. 参观考察

它是在教师带领下，组织学生参观革命历史旧址、历史纪念馆、博物馆、展览馆、社区、工厂、农村、街道、监狱等。通过参观考察了解重大历史事件、学习英雄模范、进行廉洁教育、传承红色基因，培养学生爱党爱国情感，增进对党情、国情及社情民意的了解，感受中国特色社会主义建设取得的新成就，增强对中国特色社会主义的道路自信、理论自信、制度自信、文化自信。

2. 社会调查

它是通过教师有目的、有计划地组织学生，围绕某个社会问题或某种社会现象，实地观察研究，收集第一手资料，然后对所收集的资料，运用理论分析研究，得出关于某种事物理性认识的方法。作为一种常用的实践形式，它被广泛应用于思想政治理论课实践教学中。社会调查的题目可以来源于社会现实，也可以由学生自由选题，教师给予指导，题目要符合学生实际，既不能太大，也不能太小，要适合学生的需要，以小组为单位为宜。

3. 社会服务

它是指在教师指导下，利用学生自身所学的知识及所掌握的技能，以直接为服务对象提供帮助，解决服务对象生产、生活、教育、健康等问题为目的的实践活动。最常见的社会实践活动是学校团学组织利用暑期寒假等时间，组织学生广泛参与的科技、文化、卫生"三下乡"活动、青年志愿者活动，以及以扶贫、帮困、助残、敬老、助学等为内容的学雷锋活动等。这些活动对培养学生服务社会的奉献精神，培养热爱劳动人民的情感，增强社会责任意识具有重要意义。

4. 校园文化活动

校园文化是指学校特有的承载师生价值观的活动和物质形态。包括教育目标、校园环境、学风、教风以及以学校教育为特点的文化生活、教育设施、学生社团组织、传统习惯和制度规范、人财物管理等。它包括三个层面：观念形态层、制度层、物化层，其核心是学校长期办学过程中形成的师生共同的价值观念，它决定校园文化的特征、功能和发展方向。校园文化活动俗称"第二课堂"活动，是在学校党委、学生工作部门、团委领导下，以各类学生社团、学生班集体为主体，开展的校园文化、体育、艺术、科技、卫生、心理、创业、就业等实践，满足了学生多样化文化精神生活的需要，发挥了学生探索求知的兴趣。它是学生自我教育、自我管理、自我服务的有效实践。校园文化活动寓教于乐、寓教于"行",能够发挥学生的积极性、创造性,是思想政治教育理论课教学活动的延续和有益补充。通过开展丰富多彩的校园文化活动,传递社会主义核心价值观,可以培养学生的实践能力、创新创业意识、团队合作精神、法治思维,养成他们讲文明、讲礼貌、讲道德、守纪律、爱祖国、爱人民、爱劳动、爱科学、爱社会主义的品行。

5.高校学生理论读书社

理论读书社是近年来兴起的以学习政治理论为目的的学生社团,是经省级教育主管部门批准或高校有关部门核准,学生志愿报名,党团组织选拔而组建的,在思想政治理论课教师指导下,以研读马克思主义经典著作、专业书籍、通俗理论读物为主,以自学与集体学习交流讨论为主,理论学习与社会实践结合,定期举办辅导报告、读书报告会,进一步学习马克思主义理论,提高政治理论水平的学生社团。在教师指导下,学生能更加系统地学习研究马列主义、毛泽东思想、邓小平理论、"三个代表"重要思想、科学发展观、习近平新时代中国特色社会主义思想。

(三)虚拟实践教学

虚拟实践教学的定义目前人们还没有一致的意见,一般讲,它是指以互联网和计算机技术为支撑,将传统的物理教学空间和现实教学空间,转化为网络学习空间和虚拟学习空间,从而在网络或虚拟环境下进行实践教学活动。它与课内实践教学、课外实践教学一起构成了思想政治理论课的实践教学体系。虚拟实践教学主要有以下几种:

1.观看网上红色文化展馆

红色文化展馆是由省、市党委宣传部门创办的公益性的网络思想政治教育资源,是利用三维立体成像技术、虚拟实境技术、人机交互技术等建立的红色文化传播平台。开展实践教学,学生可以足不出户,在寝室或自习室,通过移动互联网即可近距离感受红色文化魅力并接受教育。

2.网上调查

社会调查是实践教学的重要手段,传统的调查方法需要花费很多时间精力,网上调查方便易行,可以作为虚拟实践教学形式加以利用。进行网上调查,一些网络公司开发有专用软件,教师要指导学生选用合适的软件,设计好调查问卷进行调查,提高调查信息的可靠性,要注意网上调查与实地调查相结合,对所获得的调查数据进行综合分析，这样得出的调查结果才更有说服力。

3.课程学习交流群

利用 QQ 或者微信等即时通信工具，教师可以建立课程交流群并做好管理工作，实现虚拟学习与交流，进行虚拟实践教学。在注意做好知识产权保护前提下，把一些与课程学习相关的视频放在群里供学生学习、观看，结合课堂教学解答学生的困惑和问题，就一些与课程理论学习有关的问题进行交流讨论，可以提高学生学习的兴趣和思维能力。

虚拟实践教学作为一种实践途径，形式也是多样的，很多高校都在研究推进这项建设。以北京高校为例，部分高校建设了北京红色文化长廊——研究式虚拟实践模式；北京名人理想长廊——演讲式虚拟实践模式；北京优秀企业文化建设长廊——播放式虚拟实践模式；北京道德法律状况长廊——辩论式虚拟实践基地等四种基地模式，他们的做法值得其他高校学习、研究、借鉴。

第二节　高校思想政治理论课实践教学的重要作用

开展思想政治理论课实践教学，有目的、有计划地组织学生积极参与各种实践活动，将理论与实际相结合，深化对马克思主义理论的学习、理解、应用，对培养德智体美劳全面发展的社会主义建设者和接班人，提高教学亲和力和针对性的客观需要。实践教学的重要作用有以下几方面：

一、培养担当民族复兴大任的时代新人的需要

社会主义核心价值观是社会主义核心价值体系的精神内核，反映了社会主义核心价值体系的根本性质和基本特征，体现了社会主义意识形态的本质要求，是实现中华民族伟大复兴的价值引领。青年时期是一个人"三观"形成的关键期，只有自

觉运用马克思主义武装头脑、指导实践，才能树立正确的价值观。高校要以"进教材、进课堂、进头脑"为抓手，用习近平新时代中国特色社会主义思想武装学生头脑，以理论的清醒，坚定对马克思主义、中国特色社会主义和共产主义的信念。理论来源于实践，又指导实践，开展丰富多彩的实践教学，理论联系实际，可以开阔学生视野，使他们感受中国特色社会主义建设的伟大实践，感知人民群众的无限创造活力，接受活生生的马克思主义教育，可使学生将个人理想融入实现中华民族伟大复兴的中国梦中，成为实现梦想的"筑梦者"。

二、提高思想政治理论课教学针对性的客观要求

思想政治理论课是体现社会主义大学本质的课程，其承担着对高校学生进行系统的马克思主义理论教育的使命，是对高校学生进行思想政治教育的主渠道。传统的教学模式以课堂理论教学为主阵地，以教师为中心，以教材、课堂为媒介，以讲授、灌输为主，教学方法单一，存在重课堂、轻课外，重理论、轻实践，重结论、轻认同，重任务、轻实效的现象。教学活动与社会发展的形势和学生的实际生活相脱节，缺乏亲和力与针对性，不能引起学生思想的共鸣，学生学习动力不足，往往采取应付态度，甚至厌学，导致教学效果不理想。实践教学能够拉近理论与现实的距离，改变以教师为中心的教学方式，使学生由"看客"变为"主人"。观察社会发展，走进人民群众生活中去发现问题、思考问题，并尝试运用所学的理论知识解决问题，能够有效激发学生学习、探究的积极性、主动性，促进学生形成正确的价值观。

三、弘扬伟大民族精神的需要

中华民族久经磨难，我们党不忘初心、牢记使命，历经风雨百折不挠，坚忍不拔、前赴后继，为人民谋幸福、为民族谋复兴、为世界谋大同。伟大民族精神是中华民族和中国共产党战胜一切困难的强大精神动力，是中国人民长期奋斗、培育、继承、发展起来的，它包括伟大创造精神、伟大奋斗精神、伟大团结精神、伟大梦

想精神。在马克思主义的指导下，中国共产党领导人民在革命建设改革中，开辟了新民主主义革命道路、社会主义革命道路、社会主义建设道路、中国特色社会主义道路，实现了从"站起来"到"富起来"再到"强起来"的伟大飞跃。思想政治理论课教师开展实践教学，组织学生参观革命历史文化遗迹、纪念馆，学习先辈的革命精神和光荣传统，用红色文化滋润高校学生心田。让学生了解中国的昨天，珍惜中国的今天，追梦中国的明天，弘扬以爱国主义为核心的伟大民族精神和以改革创新为核心的时代精神，有利于增强"四个自信"，有利于培养一代又一代拥护中国共产党领导和社会主义制度，立志为中国特色社会主义奋斗终身的有用人才。

四、培养高校学生创新创业能力

中国特色社会主义进入新时代，改革开放和社会主义现代化建设、促进人的全面发展和社会全面进步、对科学知识和卓越人才的渴求、实现中华民族的伟大复兴，对思想政治理论教学提出了新的更高的要求。发展是第一要务，人才是第一资源，创新是第一动力。中国如果不走创新驱动发展道路，新旧动能不能顺利转换，就不能真正强大起来；强起来要靠创新，创新要靠人才。

21世纪，高校培养的学生不仅要具备良好的思想品德，还要有较强的创新精神、创业能力。思想政治理论课应该发挥其独有的优势，推动实践教学与创新创业教育相互融通。马克思主义具有与时俱进的理论品质。"坚持马克思主义，最重要的就是坚持马克思主义的科学原理和科学精神、创新精神，善于根据客观情况的变化，不断从人民群众实践中吸取营养，不断丰富和发展理论，使理论更好指导我们的工作。"思想政治理论课教学要改变重理论教学、轻实践教学的倾向，构建具有本校特色的实践育人体系，开展多种多样的实践教学活动，让创新、创业实践与全面建设社会主义现代化国家相结合，使学生不仅学到马克思主义理论知识，还学会做人做事，学会动手动脑，学会生存，学会与别人合作共事，增强创新意识、创业能力，靠自己的双手创造美好幸福的生活，实现自己的人生价值。

第三节　新时代高校思想政治理论课实践教学的途径

实践教学作为思想政治理论课教学体系的重要组成部分,对于实现其教学目标、促进高校学生健康成长起到积极促进作用。我国幅员辽阔,高校所处的区位不一,各地区各高校的办学条件千差万别,德育资源禀赋也不一样,调动师生的积极性、主动性,充分挖掘利用地方德育资源开展思想政治理论课的实践教学,能够有效地提高思想政治理论课教学的社会效益和经济效益,对于提高教育教学质量有十分重要的意义。

一、挖掘德育资源开展实践教学

(一)挖掘德育资源改进实践教学的基本原则

德育资源在我国不同地区有不同的存在方式,分布也不均匀。有效地挖掘利用这些资源,需要人们以科学的态度认识和看待这些资源,遵循德育规律,紧密结合理论教学,加以合理利用,通过强化实践环节,教育引导学生成为社会主义事业的建设者和接班人。一是坚持马克思主义为指导的原则。马克思主义是科学的世界观和方法论,是行动的指南。德育资源是我国各族人民不同时代智慧和劳动成果的积淀,在挖掘运用时,人们要以辩证唯物主义和历史唯物主义的观点看待历史与现实,用联系的发展的眼光看待问题,坚持"古为今用,洋为中用"的方针,正确地对待中华民族的优秀文化遗产和世界民族文明的一切优秀成果;要善于透过现象,认识事物的本质,从地方德育资源中汲取思想政治理论课的丰富营养,用鲜活的事例,客观的事实教育学生,提高学生的思想道德品质。二是坚持实事求是的原则。德育资源既有物质形态的也有精神形态的,运用这些资源,要尊重客观事实,既不要随意拔高,更不能低估其蕴含的思想光芒和真理价值;需要经过"去粗取精,去伪存真,由此及彼,由表及里"的过程,透过现象,抓住根本,以客观事实来阐释理论,用富有时代气息的马克思主义、中国特色社会主义理论体系话语诠释实践、指导实践。三是坚持理论联系实际的原则。思想政治理论课虽然各门课程的教学目的、教学内容、教学要求不一样，但是理论联系实际，实现理论与实践具体的历史的统一是思想政治教育的根本要求。取之于本地德育资源的事例，更能贴近学生、贴近实际、贴近生活。在教师的指导下，学生经过观察了解，通过进一步思考体悟，可以提高思想认识水平。四是坚持全面系统可持续发展原则。德育资源，从时空上看有古代的、近代的和现代的。挖掘利用德育资源是优化思想政治理论课教学环境一项系统性工程的长期任务，不能一蹴而就，需要社会、高校及师生的共同参与，还需要投入必要的财力物力。高校要把对本地德育资源的挖掘利用作为教学基本建设和改革的内容之一，融入思想政治理论课的教学体系中，动员师生共同参与，主动与地方德育主管部门联系，拓宽德育资源利用渠道，制定激励政策；通过实践教学环节，挖掘利用本地资源。对于一些物质形态的德育资源尤其要注意加以保护，以做到地永续利用，为思想政治理论课实践环节提供不竭的资源。五是坚持人文关怀原则。思想政治理论课的教学对象是"00后"高校学生，为使思想政治理论课成为学生"真心喜爱，终身受益，毕生难忘"的课程，教师需要"尊重人的主体地位和个性差异，关心人丰富多样的个体需求，激发人的积极性、主动性、创造性，促进人的自由全面发展"。

（二）挖掘德育资源改进实践教学意义

从素质教育的角度看，作为教育资源的重要组成部分，"高校德育资源必须是现实中已经存在的、物质的或精神的、显性或隐性的资源，随时可以被教育者开发利用的、有利于实现德育目的的各种要素的总和"。目前，关于德育资源的分类标准很不一致，若按其存在的形式分类，总体上可以将其分为自然资源与社会资源两大类，自然资源和社会资源还可进一步细分。自然资源包括自然景观、地理地貌，如山水、陆地、草原、湖泊、动物、植物等；社会资源包括人力资源、信息资源以及经过劳动创造的各种物质财富，这些资源是思想政治理论课实践教学环节必不可少的重要的条件。我国是世界四大文明古国之一，有悠久的历史和光辉灿烂的文化，各地有大量的文物和历史遗迹，是先辈们在不同时期为中华民族的形成发展、进步文明、独立富强、自强不息的奋斗足迹，也是先辈们留下的宝贵的物质财富和精神财富，它是社会主义核心价值体系的重要载体，是思想政治理论课教学的重要资源。各地高校充分挖掘利用本地的德育资源，无疑能够补齐思想政治理论课实践教学经费不足等短板，拓宽实践教学的渠道，变教师单向"灌输式"为师生"双向互动"的教学方法，满足学生了解社会、体验社会实际生活的需求，对提高教师教学的使命感、责任感和学生学习积极性、主动性有重要的促进作用。

二、理论与实际相结合开展实践教学

思想政治理论课的性质和教学特点决定了课堂理论教学必须联系社会实际，必须与社会实践相结合。思想政治理论课堂教学虽然也需要教师理论联系实际，阐释重点难点，总体上讲仍偏重传授知识。理论教学作为课堂教学的形式，有不少优点，如在单位时间内信息量大，学生学习效率高等。但是，也面临着难题。例如，没有直接学习得到的知识和经验不易为学生所接受、所信服；过于抽象，不易形成具体而生动的表象。古人说"纸上得来终觉浅，绝知此事要躬行"。实践教学环节的缺失无疑会影响思想政治理论课的亲和力、针对性。

当今世界正处在大发展、大变革、大调整时期，全球化、信息化、市场化日益发展，各种思想文化交流、交融、交锋更加频繁，人们思想活动的独立性、选择性、多变性、差异性日益增强，"进教材、进课堂、进头脑"工作面临新的任务与挑战，高校必须直面挑战，主动作为，回应思想政治理论课的现实问题。在现有的条件下，充分挖掘利用本地德育资源，改进教育教学方法，理论与实践结合，以马列主义、毛泽东思想、邓小平理论、"三个代表"重要思想、科学发展观和习近平新时代中国特色社会主义思想引领高校学生健康成长。具体做法有以下几点：

第一，挖掘利用地方德育资源，这是提升教师实践能力的必由之路。从教师素质要求看，思想政治理论课教师除了要具备良好政治素质、职业操守和扎实的理论功底外，还要拥有较强的社会实践能力、社会交往能力、组织协调能力，能有效地组织学生开展校内外实践教学活动。教师的实践能力制约着思想政治理论课的实践教学效果，教师只有走出书斋、走出校园，深入实际、深入生活、深入社会，才能了解国情、省情、县情，对本地德育资源了然于胸，为合理挖掘利用资源创造条件。

第二，开展实践教学，需要教师根据思想政治理论课的教学内容、目的和要求，对教学活动进行适时的控制和指导，更要紧密联系理论学习，联系学生思想实际，回应社会热点难点问题，对德育资源进行适当取舍。如果不能正确进行实践教学，即使是优质的德育资源也可能会给学生带来负面影响,甚至出现"看起来震动,听起来激动、想起来感动,回去后没有行动"的尴尬局面。

第三,挖掘利用地方德育资源,是加强和改进思想政治理论课实践教学的必然选择。

总之,各高校因地制宜,坚持正确的原则,有效挖掘利用本地德育资源,做教育教学的有心人,在思想政治理论课的教学工作中就能够有效强化实践教学环节,扩大师生的交流互动机会,激发学生学习兴趣,弥补实践教学内容的不足,提升思想政治理论课的亲和力、针对性。

第六章 高校思想政治教育教学的评价

高校思想政治理论课的教学质量与效果，直接影响着高校学生的思想政治素质及其健康成长。科学评价高校思想政治理论课的教学效果，是党和国家、社会以及高校等共同关注的重要课题。探讨和研究思想政治理论课教学评价的有关问题，不仅是思想政治理论课教学过程和课程建设的一项重要内容，也是促进马克思主义理论学科建设和进一步增强思想政治理论课教学针对性、实效性的重要手段。

第一节 高校思想政治教育教学评价概述

高校思想政治理论课教学评价是指根据党和国家的教育方针及思想政治理论课教学目标，依据一定的标准、程序和技术手段，对思想政治理论课教学的实施过程及其实际效果作出价值判断，为思想政治理论课教学改革与创新提供依据和决策服务的活动。

一、高校思想政治教育教学评价的理论基础

思想政治理论课作为我国高校课程体系中特有的课程，是对高校学生进行思想政治教育的主渠道和主阵地，其体现高等教育的社会主义办学方向。这一课程性质的特殊性，决定了思想政治理论课教学评价具有不同于一般文化课程或专业技术课

程教学评价的特殊性。

（一）思想政治理论课教学评价是知识性与思想性的统一

任何课程的教学都具有一定的知识性，是以知识体系为基础来进行的，高校思想政治理论课教学也是如此。没有一定的理论知识灌输，高校学生头脑中的认识、观念就会模糊不清甚至是错误的。因此，对思想政治理论课教学效果的评价，首先是对教师传播理论知识有效性的评价，以及学生对理论知识掌握程度的评价。同时，高校思想政治理论课教学的目的与价值，并不仅仅在于引导学生单纯地掌握知识、发展知识，更重要的是学生通过对相关理论知识的学习和掌握，将知识体系内化为自身的信仰体系，塑造健康向上的精神世界，树立崇高的理想、信念和正确的世界观、人生观、价值观，提高思想政治素质。因此，思想政治理论课教学评价要着眼于教学目标的实现，注重体现思想政治理论课的思想性、政治性，从培养中国特色社会主义事业合格的建设者和接班人的高度进行价值评价。

（二）思想政治理论课教学评价是内化与外化的统一

高校思想政治理论课的教学过程，就是将党和国家对高校学生健康成长成才的殷切期望与要求内化为高校学生自身的思想意识及行为动机，然后由高校学生将这些思想意识和行为动机外化为行为实践并产生良好的行为结果。因此，内化与外化是思想政治理论课教学过程的重要环节，也是考察思想政治理论课教学活动有效性的主要因素。

所谓内化，是指高校学生接受马克思主义理论教育及社会主义道德教育和法治教育，并将其转化为自己的思想认识、理想信念、道德情操、法治观念等内在品质的过程。这是一个由外向内的发展过程，即由社会要求的思想体系、政治观点、道德规范、法律规范向个人精神世界转化的进程，也是高校学生树立正确的世界观、人生观、价值观、道德观、法治观，不断发展和完善自身思想政治素质的过程。所谓外化，是指高校学生将自己的思想道德意识和行为动机转化为行为实践，形成行为习惯，并在实践中把内在品质体现出来的过程。这是一个由内向外的发展过程，即高校学生把正确的世界观、人生观、价值观、道德观、法治观自觉付诸实践的过程。内化与外化贯穿思想政治理论课教学整个过程，二者相互联系、相互依存。内化是外化的前提和基础；外化是内化的目的和归宿。思想政治理论课教学是内化与外化的统一。思想政治理论课教学评价必须把"内化"效果的评价与"外化"效果的评价有机结合起来。

（三）思想政治理论课教学评价是现实性与潜在性的统一

一方面，高校思想政治理论课教学具有现实性。这种现实性体现在：第一，它是在一定现实环境中对高校学生实施的理论教育活动，其回答与解决高校学生成长成才过程中遇到的思想困惑和现实问题。第二，思想政治理论课教学过程是现实的，体现为教育者和受教育者及其在教学过程中的相互关系是现实的。思想政治理论课教学的内容、方法和手段也是随着现实环境及形势的变化而不断调整并完善的。第三，思想政治理论课教学效果是现实的。它既体现在高校学生对马克思主义基本原理及思想道德修养与法律基础知识的学习态度和掌握程度上，也体现在高校学生在校期间的思想及行为的现实变化上。思想政治理论课教学的现实性，决定了思想政治理论课教学评价要注重结合思想政治理论课教学的客观现实环境，对思想政治理论课教学过程的科学实施及其各个要素的优化组合，以及现实教学效果的评价。

另一方面，高校思想政治理论课教学的根本任务与最终目的是着眼于培养德智体美全面发展的中国特色社会主义事业合格建设者和可靠接班人，通过对高校学生进行系统的思想政治理论教育，引导学生树立科学的世界观和方法论，提高他们的思想政治素质，而思想政治素质的作用是潜在的和巨大的。它的形成和发展不是一蹴而就和立竿见影的，而是由认知到认同，再到内化的渐进过程。因此，思想政治理论课教学不仅要关注现实，更要着眼未来、实现超越，因而对于思想政治理论课教学的评价应当既包括现实性评价，也包括潜在性评价，两者缺一不可。

二、高校思想政治理论课教学评价的主要功能

思想政治理论课教学评价按照不同的需求和标准，可分为多种类型，如诊断性评价、过程性评价和总结性评价，自我评价与他人评价，教师评价与学生评价，学校评价、政府评价和社会评价，单项评价与综合评价、定量评价与定性评价等。无论哪种标准或类型的评价，其主要功能可概括为导向与强化功能、诊断与反馈功能、研究与预测功能等。

（一）导向与强化功能

教学评价是依据一定的标准和目标，对教学活动所进行的价值判断。一门课程的教学目标是否明确、教学过程是否得当、教学效果的好坏等，都需要借助科学的教学评价。教学评价犹如指挥棒，对教学活动起着重要的导向和强化作用。对于高校思想政治理论课来说，高校思想政治理论课教学评价的目标指向要体现党和国家的教育方针，反映高校作为社会主义大学的本质特征，以及帮助高校学生树立正确的政治方向和正确的世界观、人生观、价值观的教学目的和任务。正是这种政治导向和价值导向，保证了高校思想政治理论课教学活动的正确方向，教师开展教学改革的思路得以明晰，学生对理论的理解和践行得到强化，进而有力地促进了教学目的的实现。

（二）诊断与反馈功能

诊断与反馈是教学过程中的重要环节，也是深化教学改革、提高教学质量的重要举措。思想政治理论课教学的评价过程，就是对其教学实践活动及其目标实现程度进行全面考察、分析的过程。一方面，通过教学评价，可以了解课程设置、教育理念、教学管理、教学保障、教学过程、教学改革、教学质量等是否达到思想政治理论课教学的目标要求，从而诊断出各个教学环节及相关要素存在的优点和不足、矛盾与问题。另一方面，教学评价可以为教师和学生提供反馈信息，帮助他们分析、判断思想政治理论课教学目标实现的情况，发现教与学中各自的优势与亮点，弄清教学过程及其结果与目标之间的差距及存在差距的原因。无论是诊断还是反馈，其目的都是"以评促教、以评促学、以评促管"，发挥教学评价对思想政治理论课教学的调节作用。

（三）研究与咨询功能

教学评价不仅是对教学活动的价值判断，也是一项教育科学的研究活动。高校思想政治理论课教学评价作为比一般文化课程或专业技术课程教学评价更具综合性和复杂性的活动过程，含有丰富的研究因素。通过研究教学评价体系并获得的科学结论，对促进思想政治理论课教师反思、分析自己的教学理念及教学行为，提升教学能力和水平，深化教学改革，有着十分重要的积极意义。与此同时，要保证高校思想政治理论课教学活动的组织实施与顺利运行，教育行政部门及高校管理者的科学决策和有效管理尤为重要。而科学决策和有效管理是建立在对教学工作全面了解和准确把握基础之上的。思想政治理论课教学评价能够提供客观、翔实和具有说服力的数据与事实材料，从而为有关部门进行正确决策和有效管理提供咨询信息。由此可见，科学的教学评价是教学工作咨询、决策的基础。

三、高校思想政治理论课教学评价的基本原则

高校思想政治理论课教学评价的原则是思想政治理论课教学要求和理念在评价环节上的具体体现，是评价主体在思想政治理论课教学评价过程中必须遵循的思想方法和操作行为的基本规范。根据思想政治理论课教学的目标任务及总体要求，高校思想政治理论课教学评价应坚持以下基本原则：

（一）方向性原则

方向性原则包括两个方面的含义：一是高校思想政治理论课教学评价必须坚持正确的政治方向，评价的目的、评价指标要与党和国家关于加强改进高校思想政治理论课的要求相一致，能够体现社会主义大学的本质特征和课程的国家意志；二是高校思想政治理论课教学评价必须遵循明确的价值取向，评价的内容、标准要与思想政治理论课教学改革和课程建设的要求相一致，为思想政治理论课作为高校学生思想政治教育的主渠道而服务。

（二）科学性原则

科学性原则是指在进行思想政治理论课教学评价时，要以科学的教学理论为指导，以思想政治理论课教学目标为依据，使教学评价反映教学规律和思想政治理论课建设的实际状况。如果其科学性、客观性缺失，则教学评价也就失去了意义，就会对教学活动和教学决策产生误导。科学性原则的要求具体体现在：①评价指标的编制要与课程教学目标相一致；②评价标准的描述要与教学改革要求相适应；③评价内容的设计要全面、完备；④评价方法的选择要恰当、易行；⑤评价过程的实施要开放、简洁；⑥评价主体的态度要科学、严谨；⑦评价结论的形成要客观、公正。

（三）全面性原则

思想政治理论课教学评价的全面性主要体现为三个方面：一是评价主体的全面性，即对思想政治理论课教学的评价，要综合有关领导、专家、思想政治理论课教师和学生的意见，作出符合实际情况的评价结论。二是评价内容的全面性，即要对思想政治理论课教学诸要素作多角度、全方位的评价，而不能以点带面、以偏概全；同时，把定性评价和定量评价综合起来，使其相互参照，以求全面、准确地判断评价客体的实际效果。三是评价结论的全面性，即教学评价的结论要完整、立体地反映思想政治理论课改革与建设的情况，将终结性评价与形成性评价结合起来，既要看建设的基础又要看发展的水平，既要看教学效果又要看主观努力的程度，既要突出取得的成绩又要指出其存在的不足。

（四）发展性原则

坚持发展性原则，就是要正视思想政治理论课教学面临的新形势、新挑战，把脉和分析思想政治理论课改革与建设的经验与问题，把教学评价作为进一步深化思想政治理论课教学改革与建设的动力资源。因此，思想政治理论课教学评价应着眼于规范思想政治理论课教学管理、着眼于提升教师的教学能力和教学效果、着眼于调动学生学习的积极性和主动性。与此同时，思想政治理论课教学评价不能简单地就事论事，而是要把评价和指导结合起来，通过对评价的结果进行认真分析，从不同角度找出因果关系，通过及时、具体、启发性的信息反馈，被评价者能够明确今后的努力方向。

第二节 高校思想政治教育教学评价的主客体与实施方法

高校思想政治理论课教学评价是一个涉及多环节、多要素的复杂系统，其具体实施就是根据思想政治理论课教学评价的特征、原则、类型等，开展思想政治理论课教学评价的具体活动。它不仅要求明确教学评价的目的和任务，还要明确教学评价的主体客体、构建教学评价的指标体系,以及选择教学评价的具体方法等。

一、思想政治理论课教学评价的主体和客体

教学评价的主体和客体是思想政治理论课教学评价结构中的重要因素。它决定了由"谁"来对教育教学进行价值判断、具体评价教育教学的"什么"内容。因此,高校思想政治理论课教学评价的实施,首先要明确评价的主体和客体。

(一)思想政治理论课教学评价的主体

思想政治理论课教学评价主体是指参与思想政治理论课教学评价活动,并按照一定的标准、运用科学可行的方法对评价客体进行价值判断的组织和个人。它是思想政治理论课教学评价结构的首要因素,在思想政治理论课教学评价过程中居于主导和支配地位。根据思想政治理论课教学评价的特点以及评价的可操作性,思想政治理论课教学评价的主体主要包括思想政治理论课教学的管理者、思想政治理论课教师、思想政治理论课教学对象等。

思想政治理论课教学的管理者主要是主管高校思想政治理论课的教育行政部门、高校和思想政治理论课教学指导委员会。他们通过制定课程评价方案,组织有关领导、专家通过实地考察、查阅档案、听取汇报、深入课堂、调查问卷、师生座谈等形式,对思想政治理论课教学的领导体制、工作机制、机构设置、课程设置、教学环境、教学管理、学科建设、师资建设、教材使用、教学条件、课堂教学、实践教学、教学成果等进行全面的综合评价。

思想政治理论课教师作为思想政治理论课教学活动的具体实施者,既是教学评价的对象,也是教学评价的主体之一,其评价包括对思想政治理论课教学管理状况的评价、学生学习情况的评价和对教师教学效果的评价。

思想政治理论课的教学效果及价值体现在高校学生身上。高校学生作为思想政治理论课教学对象,不仅是思想政治理论课的学习主体,也是课程教学评价的主体。目前,由学生参与教学评价已成为国内外高校普遍采用的一种评价方式。

（二）思想政治理论课教学评价的客体

思想政治理论课教学评价的客体，即思想政治理论课教学评价的对象。它与思想政治理论课教学评价主体相对应，也是教学评价结构不可或缺的重要因素。思想政治理论课教学评价的客体主要包括：教师、学生、教学目标、教学管理、教学内容、教学方法、教学条件、教学环境等。

由上所述，教师和学生既是教学评价的主体，又是教学评价的客体。其中，对于教师个体的评价一般包括师德风范、专业素质、教学能力、教学过程、教学效果和教研成果等内容，评价的方法有教师自评、同行评价、专家评价、领导评价、学生评价、社会评价等，而对于思想政治理论课教师队伍整体状况的评价，还应包括教师选配、培养培训、年龄结构、学历结构、学缘结构、职称结构等；对于学生的评价，主要是对学生思想政治品德素质的评价，它是通过考查学生对思想政治理论课的基本知识、基本原理的理解、掌握及其在实践中的运用程度和行为的积极变化来体现的。对教师和学生的评价是思想政治理论课教学评价的重点。

教学目标是思想政治理论课教学活动实施的方向和预期达成的结果，是思想政治理论课教学的出发点和最终归宿。高校思想政治理论课教学的根本目标，是提高学生的思想政治素质，促进学生的全面发展，培养有理想、有道德、有文化、有纪律的中国特色社会主义"四有"新人。这是高校社会主义办学方向的重要体现，也是思想政治理论教学评价的重要依据和重点内容。

教学管理是管理者通过一定的组织机构、管理手段，思想政治理论课教学活动达到既定的教学目标的过程，是思想政治理论课教学有序和有效开展的重要保证。对思想政治理论课教学管理工作的评价，主要内容包括：思想政治理论课的领导体制和工作机制、思想政治理论课教学科研二级机构建设、师资队伍建设情况、有关加强和改进思想政治理论课教学的规章制度等。

教学内容是依据思想政治理论课教学目标而确立的课程体系、教材体系及其所体现的知识体系。为此，对思想政治理论课教学内容的评价应当包括：按照思想政治理论课的新课程标准，落实课程设置和学分、学时；使用新时代马克思主义理论研究和建设工程重点教材；课程教学大纲、教案及配套教材；思想政治理论课教材体系向教学体系的转化；思想政治理论课相关选修课的开设等。

教学条件和环境是思想政治理论课教学活动顺畅运行的"硬件"基础和"软件"

保障。对教学条件和环境的评价内容包括师资队伍、学科建设、教学经费、办公场所、图书资料、教学设施、实践基地、网络资源，以及校园文化氛围、校风、教风和学风等。

二、思想政治理论课教学评价的指标体系

思想政治理论课教学评价是依据一定的标准来进行的，这个标准即检查思想政治理论课教学目标实现程度的一种指标体系。有了这个指标体系，思想政治理论课教学评价才会有依据。因此，评价指标体系的构建是思想政治理论课教学评价工作的关键环节，也是构成思想政治理论课教学评价结构的重要因素。

一般来说，评价指标体系是指由表征评价对象各方面特性及其相互联系的多个指标所构成的具有内在结构的有机整体。构建高校思想政治理论课教学的评价指标体系，应遵循以下原则：一是方向性原则，即指标体系的建立必须以社会主义核心价值体系为基本价值导向，反映高校思想政治理论课建设与改革的目标和要求。二是系统性原则，即指标体系的构建要具有层次性，各指标之间相互独立，又彼此联系，从宏观到微观层层深入，形成一个不可分割的有机整体。三是科学性原则，即评价指标与评价目标应当一致；评价指标具有代表性，能客观、真实地反映思想政治理论课建设与改革的实际状况；各项指标应具有较强的现实操作性、可比性，可以定量处理；评价指标的权重设置应当合理等。四是简明性原则，即指标的内涵描述应当直接、明了、清晰；指标的设置不宜烦琐和重叠；指标数据易获取且计算方法简单。

思想政治理论课教学评价指标体系的构建，一般包括提出评价项目、分解项目指标、明确指标要求、确定指标权重、设计指标等级，以及指标体系的编写、测试和验证等环节。

三、思想政治理论课教学评价的方法

思想政治理论课教学评价方法就是为了完成思想政治理论课教学评价任务、达

到教学评价目的所采用的方法。只有运用正确、可行的评价方法，才能得出科学、客观的结论，达到教学评价的预期目的。

目前，高校思想政治理论课教学评价采用的方法主要有目标对照法、实地观察法、抽样调查法、课程测验法等。

（一）目标对照法

目标对照法，就是根据思想政治理论课建设的预定目标，对高校思想政治理论课教学的实际状况加以总结，从而评价其成绩和不足的评价方法。它以目标作为课程评价的依据和出发点，通过测量目标的达成程度判断实际教学效果。因此，目标对照法是高校思想政治理论课教学管理系统化、科学化的重要内容。

（二）实地观察法

实地观察法是指评价主体根据思想政治理论课教学评价的指标体系及相关要求，深入思想政治理论课教学第一线，有目的、有步骤地对思想政治理论课教学过程和效果的各个要素、各个环节进行实地观察和调查，从而获得教学的第一手评价信息和直观的感性认识。根据是否有意设置情景，可将实地观察分为自然观察和控制观察。前者是指评价者在对评价对象不作任何干预的自然情景中进行观察的方法，如在不告知教师的前提下，对教师的授课教案、课堂教学、作业批改、实践报告、试卷评阅等进行观察；后者是指在预先设置的情景中进行观察的方法。根据观察的内容，可将实地观察分为全面观察和单项观察。全面观察是在一定时间内对思想政治理论课教学的多个方面进行观察，如既观察教学科研机构的设置，又观察教学改革及其实际效果；单项观察是在一定时间内只对思想政治理论课教学的某一方面进行观察，如思想政治理论课教师队伍建设、思想政治理论课实践教学等。

实地观察是一种较为直观、较重感受性的评价方法，其突出特点是实地接近思想政治理论课教学的评价对象，通过"听""看""问"等形式从不同侧面了解评价对象，直接获取不易量化的评价信息，如教学理念、教学态度、教学素养等。这一方法的优点是简单易行，所获得的材料和信息比较真实；其不足之处主要表现在对自变量难以控制，不易对观察到的材料和信息作出精确的分析和判断。

为充分发挥实地观察法的优势，在具体运用这一方法时，评价主体要根据评价目的和指标体系，作好充分的准备，包括制订观察计划，明确观察内容，选择观察的方法和手段等；在观察过程中，评价主体要做好观察记录，客观、全面地记录所获得的第一手材料和评价信息；在观察结束后，要对所获得的材料和信息进行科学分析，作出客观的评价。

（三）抽样调查法

抽样调查法是从思想政治理论课教学评价对象的总体中抽取一部分作为样本进行考察和分析，并用样本部分的数量特征去推论总体状况的一种调查方法。抽样调查是一种非全面调查，其具有效率高的优点，可在短时间内获取大量的评价数据和信息。在抽样调查中，样本数的确定是一个关键问题。抽样的方式，有随机抽样和非随机抽样两大类。

抽样调查法实施的主要方法有谈话法、问卷法等。

谈话法是评价主体根据思想政治理论课教学的评价目的和评价指标，通过与评价对象或有关人员直接交谈的方式获取评价数据、信息的方法。例如，为了解思想政治理论课教师队伍建设情况，或者教师的教学过程及其效果，评价主体可以直接与教师代表或思想政治理论课教学管理部门领导进行交流，也可以与作为授课对象的学生座谈。谈话的方式可分为个别访谈、集体座谈结构式访谈和非结构式访谈等。

问卷法是评价主体根据思想政治理论课评价目的和要求，通过问卷的形式向被选取的调查对象了解情况、获取评价数据、信息的方法。例如，为了解思想政治理论课教师的课堂教学情况，可设计包括教师的教学态度、教学内容、教学手段、教学方法、教学互动、教学效果等问题的问卷，分别由学生、教师本人作答，这样可从不同角度获取教师的课堂教学情况。为使问卷调查收到应有的效果，评价主体要精心设计调查问卷，设计的题目内容必须与评价的目标一致，抽取的样本要有足够的数量且具有代表性；调查结束后，要采用科学的统计方法处理调查结果，以获取客观、可靠的数据和信息。

（四）课程测验法

课程测验法是指通过考查，测试学生对思想政治理论课基本原理和基本知识的掌握，以及运用所学基本原理和基本知识分析问题、解决问题的能力，来了解思想政治理论课的课程设置、组织实施、教学改革和教学质量。课程测验一般以笔试的方式进行，其优点是简便易行、运用广泛，能在同一时间内用统一的试卷测验众多的评价对象，收集大量可供比较的数据资料，而且结果比较客观、可靠。它既可以用来检验学生的学习情况，也可以用来评价教师的教学情况。为保证课程测验的质量，在评价者编制测验试卷时，既要考虑课程知识的覆盖面，又要突出对重点内容的测验；题目表述要简明扼要、含义单一明确，不应导致学生对题目的误解。同时，测验题目要难易适中，具有一定的区分度，能够检测学生的真实成绩和不同水平。借助于测验成绩，可从不同角度去分析教学效果。对于整体的水平和分布状态，可用统计分析法；对于整体的达标程度，可采用综合评判方法分析。

第七章 高校思想政治理论课教学方法改革

研究高校思想政治理论课的性质、功能和特点，是改革高校思想政治理论课教学方法的根本依据。对高校思想政治理论课教学方法改革的研究，首先必须对高校思想政治理论课的性质、地位和作用、教学特点有一个明确的认识，在此基础上确定高校思想政治理论课教学方法改革的基本原则。

第一节 高校思想政治理论课教学方法现状与改革背景

高校思想政治理论课教育教学作为一种反映国家意志的社会活动，始终是在一定的时代背景条件下展开的。正确分析国内国际形势，是制定和执行正确的政治路线和方针政策的重要依据，同时也是改革和构建高校思想政治理论课教学方法体系的前提条件。进入 21 新世纪，国内和国际环境发生了广泛而深刻的变化，这给思想理论教育教学工作带来了新的机遇和挑战。当前，国内和国际形势对高校思想政治理论课教育教学提出了新的任务和要求。

一、高校思想政治理论课教学方法改革的背景

当前，世界多极化和经济全球化的趋势在曲折中发展，科技革命日新月异，综合国力竞争日趋激烈，各种思想文化相互激荡。我国改革开放进一步深入，经济体制、组织形式、就业方式、利益关系和分配方式日益多样化。引导高校学生正确认

识当今世界错综复杂的形势,把握国际局势的发展变化和人类社会的发展趋势;引导高校学生正确认识国情和社会主义建设的客观规律,增强在中国共产党的领导下全面建成社会主义现代化强国的自觉性和坚定性;引导高校学生正确认识自身肩负的历史使命,努力成为德、智、体、美全面发展的中国特色社会主义事业的合格建设者和接班人,这是思想政治教育工作者必须认真研究解决的重大而紧迫的问题。只有正确认识国内外形势带来的机遇和挑战,高校思想政治理论课教学方法的改革才能取得实效。具体来说,高校思想政治理论课教学方法改革的背景有以下几个方面:

（一）和平与发展的时代主题

和平与发展的时代主题,为高校思想政治理论课教学方法改革提供了良好的国际环境。从20世纪80年代特别是进入21世纪以来,国际环境发生了广泛而深刻的变化,这给思想理论教育教学带来新的机遇和挑战。当今世界,科技进步日新月异,以互联网为标志的信息网络技术迅猛发展;经济全球化进程加快发展,经济全球化的浪潮正在席卷世界的每一个角落;世界格局多极化趋势不可逆转;各种思想、文化在相互激荡中交融,文化交流、传播、借鉴和发展在快速涌动,人员交流和往来更加频繁;以经济、科技、军事实力和民族凝聚力为主要内容的综合国力的竞争日趋激烈。总的来看,和平与发展仍然是时代的主题,争取一个较长时期的国际和平环境是可能的。相对和平稳定的国际环境为我国一心一意搞好经济建设,推动经济和社会的全面进步提供了良好的外部条件,这不仅有利于我国的社会主义现代化建设,而且有利于思想理论教育教学的顺利发展。

（二）经济全球化的新形势

经济全球化的新形势,为思想政治理论课教学内容和方法改革提供了新的源泉。进入21世纪,经济全球化的冲击遍及了人类社会的每一个角落。经济全球化就其内容来说主要包括贸易全球化、金融全球化、生产全球化和科技全球化,其实质就是资源在全球范围内趋向于直接流动和配置,其中不仅包含着物质要素,同时也包含着信息、知识、精神产品等属于文化范畴的要素的流动,开放性和多样化已成为当今时代的重要特征。我国积极主动地融入经济全球化,把产业结构的战略性调整作为主线,目的是根据自己的产业基础和资源条件来合理配置资源,发挥比较优势,更多地形成新的支柱产业,从而在国际市场上占有更多的份额,提高竞争力,实现经济的可持续发展。经济全球化也为各类人才的成长提供了更加宽阔的舞台。

从客观上来看,经济全球化有利于中国特色社会主义文化建设和发展。中国特色的社会主义文化的核心和灵魂是马克思主义。马克思主义是在各种文化思潮的相互激荡中发展的。随着改革开放的进一步深入,其他国家许多先进文化也随之传入,这就促使我国开阔视野,吸取其他文化的精华,将其更快地融入社会主义文化体系之中。随着经济全球化趋势的进一步发展,人们的开放意识、主体意识、竞争意识与和平意识等逐渐增强,人们的观念迅速现代化,思想进一步解放,也必然带来更多的教育内容,如开放观念、全球观念、爱国主义和民族精神、法律意识、协作精神等经济全球化所要求的教育内容,进而丰富高校思想政治理论课教学的内容,为高校思想政治理论课教学方法的改革提供新的途径。

经济全球化有利于思想政治理论课教学的发展。经济全球化加强了中外在经济、政治、文化等方面的交流与联系,增加了中外接触与交流的机会,有利于人们学习、借鉴和吸收国外先进的思想政治教育的理论,丰富我国思想政治教育内容。经济全球化带动了各种科学知识的迅速传播和发展,有利于我国借鉴和吸收世界各国的进步思想道德和文化遗产,从而扩大人们的知识视野,生活方式也更加文明、科学,为思想政治教育内容和方法的改革和发展提供了新的源泉。经济全球化有利于我国借鉴和吸收国外先进的思想政治教学管理方法,促使我国把思想政治教育的优势与现代企业管理方法相结合,增强思想政治理论教学方法的现代性、科学性。经济全球化有利于我国借鉴和吸收国外思想政治教育的一些成功经验和有效方法,推动思想政治理论教学方式、方法、手段的现代化,推动思想政治理论教学的传播载体、文化载体、管理载体、活动载体等加快发展,促进思想政治教学方法的创新与发展。经济全球化有利于当今高校学生树立开放思想,勇于接受挑战,吸收各种先进的思想文化观念,加强自己的品德修养,形成现代化的价值观念。

(三)中国社会发展的新阶段

中国社会发展进入了新的历史阶段,为高校思想政治理论课教学方法改革提供了强大动力。改革开放四十年来,我国利用经济全球化提供的良好外部环境,积极参与世界经济贸易的竞争与合作,通过积极融入全球经济加速发展自己,取得了年均9.6%以上的经济增长速度,远远超过世界经济平均增长速度,经济总量位居世界第二,这表明我国已经进入中国特色社会主义现代化建设新阶段。中国改革开放和全面建成小康社会取得的巨大成就，充分显示了社会主义制度的优越性和强大的生命力，也为思想政治教育和高校思想政治理论课教育教学提供了强大的物质基础和安定团结的社会环境。

第一，中国改革开放和全面建成小康社会的成就，彰显了社会主义制度与资本主义制度的比较优势。中国改革开放所取得的巨大成就证明了党的路线方针的正确性，证明了马克思主义理论的巨大活力。中国改革开放的实践证明：改革开放是决定当代中国命运的关键抉择；只有社会主义才能救中国，只有改革开放才能发展中国。我国改革开放的巨大成就和经济的健康发展，增强了思想政治教育内容的说服力和感染力，对坚定高校学生的理想与信念，对提高思想政治教育的实效性会产生极大的促进作用。第二，坚定了思想政治教育工作者的信心。中国改革开放的巨大成就和经济的健康发展，我国安定团结的局面使思想政治教育工作者有一个比较宽松的环境，从而安心从事本职工作，排除不利因素的干扰，坚定了思想政治教育工作者的信心。第三，我国改革开放是全面的、全方位的改革开放，是经济、政治、文化和社会各方面的改革和协调发展的改革开放。我国推行的改革和建设法治国家的政策措施，顺应了时代发展的潮流，适应了现代社会发展的客观要求，增强了思想政治教育内容的时代性与说服力。第四，改革开放也为高校思想政治理论课教学的改革和发展提供了强大动力。

（四）信息网络化的新技术

信息网络化的新技术，为高校思想政治理论课教学方法的改革提供了技术手段。20世纪90年代，互联网的出现开创了以计算机技术应用为核心的信息网络时代。随着互联网的飞速发展，它将设置在世界各地的上亿台计算机连接在一起，构成一个巨大的、高速运行的全球计算机信息网络，它消除了时空的阻隔，跨越国界，把整个世界联为一体。互联网的发展使传播媒介更加丰富，它以快速的传播速度，丰富多彩、图文并茂的内容，同步双向互动的交流方式，高效的办公手段，吸引了大量的网民。

信息网络是现代高科技发展的产物。信息网络化以其开放性、多元性、虚拟性、交互性、平等性、超越时空性等特点，给现代信息传播方式带来革命性的变化。随着互联网的出现，各种思想信息在网上跨国界交流，不同的政治立场、文化观念、道德标准、价值取向和生活方式，以及各种其他信息汇集到网上，它们对社会成员的思想道德发展产生了重大的影响。互联网作为开放式的信息传播和交流工具，对思想理论教育教学来说是一把"双刃剑"。利用好是有力的思想理论教育的新武器，成为思想理论建设的新阵地；利用不好，则是不良思想侵入的入口，成为整个思想理论教育工作的薄弱环节。

在互联网的交互式情境中，思想政治教育者与教育对象的地位、身份、年龄等均被隐藏，从而使交流双方缩短了心理距离，各种观点、情感的交流更加具有真实性、直接性。思想政治教育客体也能从单纯的受教育对象、被动接受者变为主动参与者。信息网络化的超越时空性，将思想政治教育转变为一种不受时空限制的即时行为，打破了传统思想政治教育的地域与时间的限制和不可逆的接受关系。因此，高校思想政治理论课教学工作者，要善于运用信息网络技术和网络信息化手段，创新高校思想政治理论课教学方法，在任何时候、任何地方，运用多种方式开展思想政治教育，提高思想政治教育的实效性。信息网络化为高校思想政治理论课教学方法的改革提供了强大的技术手段和快捷畅通的方式。

二、当前高校思想政治理论课教学方法存在的问题

随着思想政治理论课教学改革的深入和广大教师的潜心探索，高校思想政治理论课教学方法得到了全面改进，但当前高校思想政治理论课教学方法仍存在如下问题：

（一）重教师单向灌输，轻师生双向交流

思想政治理论课教学特点决定了灌输是一种重要的教学方法。受传统教学理念的影响，当前高校思想政治理论课的教学仍普遍存在教师的单向灌输式教学，忽视学生参与分析、解决问题的动态过程，对学生主动探究、获取知识的能动性不重视，互动式教学还没有深入展开。这种单向灌输式教学方式，无法适应急剧变化的社会现实及其对思想政治教学和学生发展提出的要求，不利于平等师生关系的建立，必然导致学生对思想政治理论课缺乏兴趣，学生缺乏创新意识缺失等。

（二）重理论说教，轻理论与实践的有机结合

思想政治理论课政治性和理论性强，部分教师在授课时脱离实际，"照本宣科"。

教学中，教师单纯强调理论知识、观点的传授，而较少联系社会现实和学生实际，较少考虑对学生学习方法的掌握、分析和思考能力，以及解决实际问题能力的培养。这样的教学方法必然导致教学成为空洞说教，造成学生理论与实践脱节，认知和情感脱节，思想与行为背离，不利于学生对现实生活的真实把握和实践能力的养成。

（三）重传统授课方式，轻新手段的利用

长期以来，很多高校思想政治理论课教学手段相对落后，仍停留在"一个教师、一本书、一支粉笔"的教学状态，教学信息容量有限，课堂气氛沉闷。而多媒体等现代教学手段的出现，弥补了传统教学手段和教学方法的不足。但部分教师计算机技术欠缺，不懂得制作集图、文、声、像于一体的高质量的多媒体课件，课件内容完全复制讲稿；有的教师制作出的课件形式多样，尤其是案例、图片、动画相当丰富，导致屏幕渲染过度，无关信息过多，严重干扰了学生的注意力，影响了教学效果。

（四）教学方法单一，忽视综合运用多种教学方法

受大班制教学组织方式因素的影响，部分思想政治理论课教师在课堂教学过程中仍以讲授法为主要方式，存在"满堂灌"的现象。教学方法单一，不仅解决不了高校学生已存在的思想问题，反而引起高校学生对思想政治理论课的反感，产生新的思想问题。

第二节 高校思想政治理论课教学方法改革的依据与基本原则

高校思想政治理论教育是科学文化教育，马克思主义理论和思想品德知识属于文化范畴。从这个意义上说，对高校学生进行马克思主义理论教育和思想品德教育也是文化教育，但是它又不是一般意义上的科学文化教育，而是通过这些理论知识

的教育达到转变学生思想的目的。高校思想政治理论是专门的思想教育和品德教育，其根本目的在于使学生树立科学的世界观、人生观、价值观和道德观。

一、高校思想政治理论课教学方法改革的依据

（一）高校思想政治理论课的功能

所谓功能，简单来说，就是指事物的功效和作用。高校思想政治理论课的功能，实际上是高校思想政治理论课的性质及其能动性的重要表现，是高校思想政治理论课所发挥的效能和其所具有的重要作用。高校思想政治理论课所具有的高校学生思想政治教育的主渠道性质，决定了高校思想政治理论课的地位、作用和功效。概括地说，高校思想政治理论课的功能主要表现在以下四个方面：

1.认识的功能

认识是辩证唯物主义认识论的基本范畴，也是思想政治教育的重要范畴。通过高校思想政治理论课的教育教学，达到提高高校学生政治觉悟和思想认识水平的最终目的。思想政治理论课的认识功能表现为：第一，通过高校思想政治理论课的教育教学，达到提高高校学生思想水平、认识能力和自我认识的效果。作为高校思想政治理论课的教学，其传授的不是一般的业务知识，培养的也不是一般的专业技能，而是马克思主义理论与思想道德方面的知识和运用这些知识改造客观世界及主观世界的能力。通过高校思想政治理论课的教育教学和系统学习，学生可以系统掌握自然界、人类社会的发展规律。第二，通过高校思想政治理论课的教育教学，达到提高高校学生素质的目的。

2.导向的功能

高校思想政治理论课的导向功能，是由思想政治教育的目的性和方向性所决定的，也是由马克思主义理论体系和无产阶级意识形态的阶级特征与理论品质所决定的。

通过高校思想政治理论课的教育教学，高校学生对马克思主义理论和中国特色社会主义理论体系有一个全面系统的了解。例如，"马克思主义基本原理"课着重讲授马克思主义的世界观和方法论，帮助学生从整体上把握马克思主义，正确认识人类社会发展的基本规律；"毛泽东思想和中国特色社会主义理论体系概论"课着重讲述中国共产党将马克思主义基本原理与中国革命实际相结合的历史进程，充分

反映马克思主义中国化的理论成果，帮助学生系统掌握毛泽东思想、邓小平理论和"三个代表"重要思想、科学发展观和习近平新时代中国特色社会主义思想基本原理，坚定在党的领导下走中国特色社会主义道路的理想信念；"思想道德修养与法律基础"课主要对学生进行社会主义道德教育和法治教育，帮助学生增强社会主义法治观念，提高思想道德素质，有利于解决成长成才过程中遇到的实际问题。这样，通过高校思想政治理论课的教育教学，培养高校学生坚定的理想信念，高校学生坚定社会主义的信念，树立为中国特色社会主义而奋斗的崇高理想。

3.保障的功能

高校思想政治理论课的保障功能，主要体现在两个方面：一方面，通过高校思想政治理论课的教育教学，要求受教育者为实现无产阶级及其政党的奋斗目标服务，为无产阶级及其广大人民群众的根本利益服务；另一方面，也强调高校思想政治理论课应为教育对象个人的成长成才和全面发展服务，为他们能最大限度地实现自身的社会价值和人生价值服务。其中既包含高校思想政治理论课教学对推动人类社会进步发展的社会价值，也有其对促进个人成长进步的个人价值。高校思想政治理论课教育教学之所以能够实现这两方面价值，其内在根据就在于它所具有的真理性和科学性特征。

4.育人的功能

高校思想政治教育的育人功能主要是针对在校学生。通过对高校学生进行多角度、深层次、系统化、理论化的思想政治理论教育，提高他们的各项素养，进而使高校学生意识到自己的主体地位，从而实现其全面发展。高校思想政治教育育人功能主要包括三个方面：政治导向，思想构建，道德内化。

第一，高校思想政治教育育人功能的政治导向，是用马克思主义的基本立场、观点、方法去武装学生头脑。高校思想政治教育作为一门专业学科，具有不同于其他学科的独特属性，即政治性。所谓思想政治教育的政治导向功能，即在于促使学生不断实现政治社会化的过程。从个体学习过程来看，政治社会化即个体通过社会各种环境和思想政治教育活动吸收政治信息，形成一定的政治观念、政治态度、政治情感和政治信念的过程。个体的政治社会化，是一个伴随着个体生存和发展的终身过程。高校思想政治教育在对高校学生进行全面教育时，离不开基本的政治导向，由此才能不断展开其他方面的教育。

第二，高校思想政治教育育人功能的思想构建，即通过教育载体把先进积极的思想观念、人生价值等传授给高校学生，从而提升他们的精神品位，丰富高校学生的内心世界，能够在一定程度上构建专属于自我的精神家园。构建精神家园作为一个哲学命题，有着丰富的内涵。人是身和心的统一体，不单单追求食果腹、衣蔽体，还要追求精神上的充实和满足，这是人作为高级动物与其他动物的根本区别，同时也是人的社会性的突出表现。所以，思想政治教育是生产和传递精神财富的有力工具，同时对于社会的精神生产又起着直接的指导作用。

第三，高校思想政治教育育人功能的道德内化，也就是需要通过教育手段，把高尚的品德境界、良好的品德准则，传授给受教育者，使受教育者能够将外在的道德要求通过自我消化吸收为内在的坚固品质，进而经过知、情、信、义、行的转化，生成相应的道德行为，运用到生活实践中。马克思指出人的本质属性是社会性，由于人处于各种社会关系中，不是单个片面发展的，因而人的全面发展就不能单纯等同于自我智力和体力的发展，必须有外在共同的伦理标尺和道德标准来约束人的社会行为，并且把高尚的道德境界作为社会人必须具有的价值观念。道德是个人众多素质中的核心要素，而道德内化则是高校思想政治教育育人功能的重要内容。

（二）高校思想政治理论课教学的基本特点

高校思想政治理论课教学的性质、地位和作用、功能，决定了高校思想政治理论课教育教学的特点。在高校思想政治教育工作这一系统工程中，思想政治理论教育教学具有特殊的地位和作用。具体来说，高校思想政治理论课教育教学的基本特点有以下几个方面：

1.思想政治理论课教育教学具有强烈的政治性特点

作为上层建筑的一个重要组成部分，高校思想政治理论课担负着为巩固和完善社会主义制度，发展社会主义生产力，建设富强、民主、文明、和谐的社会主义现代化国家的宏伟目标服务。习近平总书记在全国高校思想政治工作会议上提出："要用好课堂教学这个主渠道，思想政治理论课要坚持在改进中加强，提升思想政治教育亲和力和针对性，满足学生成长发展需求和期待，其他各门课都要守好一段渠、种好责任田，使各类课程与思想政治理论课同向同行，形成协同效应。"高校思想政治理论课教学的政治性特点实质上是马克思主义理论鲜明的阶级性的体现和内在要求。要从阶级本质和战略高度看待高校思想政治理论课教育教学，高校思想政治理论课教学要始终围绕这个主旨。

同时，马克思主义理论也是不断发展的理论。特别是在当代中国，建设中国特色社会主义是马克思主义在当代中国的伟大实践和进一步的丰富发展。中国特色社会主义理论体系是马列主义基本原理同当代中国特色社会主义建设实践和时代特征相结合的产物，是当代中国的马克思主义。由于改革开放的深入和马克思主义的不断充实发展，高校思想政治理论课的教学内容也需要不断更新、充实和完善。高校思想政治理论课教学要及时体现与充分反映马克思主义在理论和实践上的重大发展及突破，充分反映国际和国内的政治经济形势的发展变化，紧扣党和国家的重大方针政策和战略决策；要随着党和国家的大政方针、法律法规和国际国内形势的变化发展而加以修改、充实和发展，体现时代的特征和社会的不断进步与发展。

2.高校思想政治理论课教学的理论性和科学性的特点

高校思想政治理论课教学具有理论性和科学性的特点，是由马克思主义理论本身的科学性特点所决定的。

马列主义、毛泽东思想、中国特色社会主义理论体系是一脉相承的、系统完整的、科学的理论体系。它揭示了自然界、思维和人类社会政治、经济、文化等诸领域事物发展的客观规律，是人们认识世界和改造世界的强大思想武器。马克思主义理论的这一特点决定了高校思想政治理论课教学要系统讲授马克思主义的基本知识，传授马克思主义基本立场、观点和方法，讲清高校思想政治理论课课程的基本知识点及其相互间的逻辑联系，注重理论观点的科学性和系统性。不仅马克思主义政治理论课如此，马克思主义思想品德课也是如此。例如，"思想品德修养和法律基础"课要系统讲授马克思主义世界观、人生观、价值观；针对高校学生普遍关心和生活中遇到的重大理论和实践问题，揭示高校学生健康成长和成才的客观规律；阐述社会主义道德的基本内涵、客观要求及其发展规律等。"形势与政策"课通过对国内外重大事件的分析，掌握和平与发展是时代不可逆转的潮流以及世界政治、经济演变与发展的客观规律，中国的国际地位及其与世界各国的相互关系和发展规律等。高校思想政治理论课教学的理论性和科学性特点，还要求人们完整准确地理解马列主义、毛泽东思想和中国特色社会主义理论体系，不能把原本不属于马克思主义的东西附加在马克思主义名下，或把马克思主义加以歪曲或庸俗化，或抽取其只言片语而不完整准确地理解、讲授和解读马克思列宁主义、毛泽东思想和中国特色社会主义理论体系；要旗帜鲜明地反对马克思主义"过时论"的观点，反对把马克思主义庸俗化的做法，让高校学生完整准确地理解和掌握马克思主义的科学理论体系。

思想政治理论课教育教学的科学性还包括高校思想政治理论课教学方法的科学性。马克思主义虽有完整的理论体系和自身结构，但其理论结构不同于教材的结构，更不同于教案的结构，如不重视思想政治理论课教育教学规律和教学艺术的运用，不讲求高校思想政治理论课教学方法的科学性，那么高校思想政治理论课教学的思想性和马克思主义理论的科学性就难以体现，更难以真正实现思想政治理论课教育教学的根本目的。

3.思想政治理论课教育教学具有实践性特点

高校思想政治理论课教学不同于一般的智力教育和文化知识课，它不仅有开启理性解惑传道的责任，更注重实践要求。这种实践性特点不仅要求高校思想政治理论课教育教学要敢于和善于理论联系实际，贴近现实生活，不回避现实中的问题和矛盾，还要求高校思想政治理论课教学要同实践性环节相结合，让师生在理论学习与社会锻炼实践中知德行善，提高科学文化素质与思想道德素质。因此，高校思想政治理论课教师要深入社会实践，掌握大量的第一手资料，提升自己的认知水平；要分析改革开放所取得的伟大成就和丰富的实践经验与教训，从理论和实践结合的角度进行教学，做到深入浅出，解惑释疑；要丰富教学环节，运用多媒体教学手段，采取读原著、讲授、辩论、研讨、答辩、演讲和观看文献资料与影视录像等多种手段相结合的方式进行教学，增强高校思想政治理论课教学的生动性；要把高校学生的社会实践活动纳入科目化管理和学科建设中来，有组织、有计划地开展丰富多彩的社会实践活动，让学生到社会上参观、考察，从事社会调查，参加生产劳动、科技文化服务、军政训练、勤工俭学、志愿者服务等活动，在实践中学会理论联系实际，做到学以致用。这种实践性特点，还要求高校思想政治理论课教师以其自身的人格的魅力和模范言行，直接影响、教育、感化和塑造学生，发挥榜样的示范作用。

4.思想政治理论课教育教学具有针对性的特点

高校思想政治理论课教学要针对改革开放和社会主义现代化建设中的重大问题，针对学生的思想实际、心理需求和认知特点，对学生关注的热点、难点以及所存在的疑点问题，有的放矢地开展教学活动；要敢于和善于对重大问题和热点、难点问题作出积极的、有说服力的回答。

高校思想政治理论课教育教学的针对性除了要联系社会生活和学生思想实际外，更重要的一项工作就是要同各种错误思潮开展针锋相对的斗争。列宁早就说过，马克思主义不能靠群众自发地生成，必须向群众灌输马克思主义。事实上马克思主义产生与发展的历程也说明了这一点。马克思主义从产生时的一个学术流派发展到今天成为党和国家的指导思想，就是不断地在同各种错误思潮进行坚决斗争并消除其对工农群众的有害影响的基础上成长壮大起来的。在斗争中前进，在斗争中发展壮大，始终是马克思主义理论发展和发动群众的一大特点和优势。

二、高校思想政治理论课教学方法改革的基本原则

高校思想政治理论课教学方法体系改革的基本原则主要有如下几个方面：

（一）方向性、思想性与科学性相统一的原则

方向性、思想性与科学性相统一的原则是直接体现思想政治理论课性质特征的首要原则。其中，方向性体现了思想政治理论课所具有的鲜明的阶级性和党性以及明确的目的性特征，它要求思想政治理论课教学必须坚持以马克思列宁主义、毛泽东思想、邓小平理论、"三个代表"重要思想，科学发展观以及习近平新时代中国特色社会主义思想为指导，坚持社会主义方向，抵制各种错误思潮，为建设中国特色社会主义培养"四有"新人；思想性体现了思想政治理论课教学重视人的精神价值和精神动力，注重思想观念对人们行为的主导作用，着眼于对高校学生进行世界观、人生观、价值观教育，坚持把理想信念教育作为核心内容；科学性体现了思想政治理论课教学在指导思想上、内容上和方法论上的真理性、正确性，为实践所验证，能经受历史的考验，真正做到"以科学的理论武装人""以科学的方法培育人"。

思想政治理论课教学的方向性、思想性与科学性的内在统一还可以从其真理性与价值性的内在统一中得到验证。具有真理性的科学，本身就具有价值性。思想政治理论课教学的科学性体现了其真理性，而思想政治理论课教学的方向性、思想性则体现了其价值性特征。缺乏真理性和科学性的教育，既不可能实现其社会价值，也不可能实现其个人价值。也就是说，思想政治理论课教学价值的实现，必然要求思想政治理论课教学具有真理性、科学性，即体现了思想政治理论课教学的方向性、思想性的价值，与其科学性要求具有内在的统一性。

思想政治理论课教学要坚持方向性、思想性与科学性相统一的原则，就要充分体现马克思主义理论的科学性和鲜明的时代性特征，充分体现对马克思主义既坚持

又不断发展创新的科学态度。马克思主义自创立以来，之所以能一直保持科学的生命力，始终体现鲜明的时代精神，就在于它是随着时代的发展而不断发展的。对科学理论的宣传教育，不能只强调其真理性而忽视其时代性特征。其实，理论的科学性与时代性是统一起来的，因为科学的理论必须随着时代的发展而发展，不是一成不变的。封闭、僵化、落后于形势和时代的发展，只会导致理论由科学向非科学转变。所以，思想政治理论课教学在坚持以科学的理论武装人的同时，又必须坚持时代性原则，即坚持用符合新时代、新形势特点和发展需要、符合新形势下人们思想实际特点和发展需要的理论武装人。

（二）学生主体、教师主导与社会教育相结合的原则

学生主体、教师主导与社会教育相结合的原则，是思想政治理论课教学处理内因与外因的关系、学校教育与外界环境关系应遵循的规则，也是围绕思想政治理论课教学的目标要求，充分调动各方面积极性所要遵循的规则。这一原则是指思想政治理论课教学要在教师的主导作用下，充分调动学生的主观能动性，使其主动而不是被动地参与思想政治理论课教学。同时，思想政治理论课教学还要善于利用社会力量，使学校教育与社会教育相结合，共同完成培育人才的任务。从这一原则的内涵来看，包括教师的主导作用、学生的主体作用和社会教育的作用这三个动力因素的相互作用及其教师与学生、学校与社会的辩证关系。

第一，看学生的主体作用、教师的主导作用及其相互关系。所谓学生的主体作用是指学生在思想政治理论课教学中充分发挥出了各自的主观能动性和其所特有的学习活力、创造力，在教师的指导下，能积极主动地参与教学，积极主动地自学和完成课外作业，积极主动地以正确的世界观、人生观、价值观指导自己的行动。所谓教师的主导作用，包括主持、指导、导向等作用。教师作为教育者，在思想政治理论课教学的整个过程中起着主导的作用。思想政治理论课教师的主导作用主要表现在以下几点：1.思想政治理论课教师作为思想政治理论课教学的主持者、组织者和责任人，负责其主讲课程的全部教学活动的总体规划设计，同时也要做好其中每一次教学活动的具体组织安排，包括教学活动的目的、内容、方法及具体步骤等。2.思想政治理论课教师是思想政治理论课教学坚持正确方向的引导者，负责保证思想政治理论课教学坚持党性原则，坚持以科学的理论武装人，坚持以正确的思想指导教学内容和方法的不断改革更新，及时纠正思想政治理论课教学中可能出现的种

种思想偏差。3.思想政治理论课教师作为是思想政治理论课教学对象的指导者、引路人，其指导学生以正确的态度、科学的方法掌握思想政治理论课教学的内容，按照思想政治理论课教学的目的要求，使学生通过自己的努力，成为社会所需要的德才兼备的现代化人才。

第二，看社会教育及其与思想政治理论课教学的关系。思想政治理论课教学作为学校德育的主渠道与社会教育是密不可分的。两者既是系统与环境的关系、也是内因与外因的关系。社会教育相对于学校教育而言是一种更广义的教育，是除学校教育以外的其他所有教育的统称，其中主要指各级社会组织、各种社会团体、社会传播媒体、社会舆论、社会文化环境，以及家庭教育对人的教育影响和熏陶作用。随着社会现代化和开放程度的提高，社会向信息化、网络化方向发展速度的加快，社会教育对人的教育影响作用与学校教育相比，有明显的扩大趋势。同时，社会教育在内容形式设施手段上的丰富多彩，因此其具有极强的辐射和渗透作用。学校教育应充分发掘利用社会教育资源，增强教育力量，提高教育效能。思想政治理论课教学经常开展的社会调查、参观访问、教学实习、志愿服务、"走出去、请进来"等活动，就是利用社会资源，增强教育活力和效果的有效方法。但是，社会教育的影响作用，有自发与自觉、有组织与无组织、正面与负面、显性与隐性的区别，相对于学校教育而言，其中大量的是无组织、无意识、隐性的教育，而这种性质的教育往往存在相当多的负面影响，这就要求学校教育，特别是思想政治理论教育在结合社会教育的同时，充分发挥其积极作用，自觉克服其消极影响，实现学校教育与社会教育的协调统一和互补。就社会教育方面而言，各个社会组织和社会成员增强教育意识和责任感，提高自身素质和自我教育能力，注重社会效益和塑造社会形象，对消除社会教育的负面影响甚为重要，尤其要利用社会教育自身的力量克服社会教育中的消极因素。总之，要使青年学生成为"四有"新人，具有高尚的精神、崇高的理想和坚定的信念，不仅是学校教育和思想政治理论课教学的根本目的与着眼点，也是社会教育的重要任务。只有两方面的作用统一起来,两方面积极性都发挥出来，才能实现这一关系到国家前途的百年大计。

（三）灌输、启发探究与贴近现实相统一的原则

在建设中国特色社会主义的伟大事业中，必须高度重视社会主义意识形态的主动灌输的工作。人们必须清醒地认识到，在当今的世界格局中，两种社会制度的对

立在本质上并没有改变。随着我国改革开放的深入和经济的发展，西方各种思潮随之涌入。这种现象时刻提醒人们，任何时候，都不能放弃对人民群众尤其是对青年一代进行马克思主义理论的全面、系统、生动的灌输。因此，在对高校学生的马克思主义理论教育中，一定要积极主动地通过思想政治理论课程对学生进行教育，要坚持以正面引导为主，保证足够的课时，认真教学、严格考核。要树立"灌输"的本质就是教育的观念，没有灌输就没有教育，从而把高校的政治理论教育有机地融合在整个教育体系，特别是素质教育体系之中，把培养学生具备合格的思想政治素质和道德素质作为"灌输"教育的出发点和落脚点。

当然，"主动灌输"是马克思主义理论教育的一个基本的原则，而非一个具体的方法。人们要根据时代的特点和受教育对象的特点，注重内容和形式的结合，探讨多种具体有效的方式。思想政治理论课教师无论采取何种教学方法，都应遵循启发性原则，要善于从小问题入手，引导学生积极思考，层层深入，最终达到举一反三、触类旁通的效果。例如，教师可以根据课程目标需要选择一个学生普遍熟悉且没有确定答案的问题，在作必要的引导之后，让学生凭借自己的理解自由地阐述观点。在学生对问题作了回答之后，教师就可以针对学生的这一回答进行点评，并作出更换角度作进一步的引导或是直接转入下一个问题的决定，逐步引导学生达到课程目标的要求。

在现阶段，对高校学生进行马克思主义的思想理论教育必须是生动的、具体的，因此要使"主动灌输"和启发探究收到成效，在高校思想政治理论课教育教学工作中，要努力做到贴近现实，这是进一步加强和改进高校思想政治理论课教育教学工作的必然要求。贴近现实，概括地讲，就是要贴近实际、贴近生活、贴近群众、贴近高校学生的思想实际，因此要从客观存在的社会实际出发，即从我国正处于并将长期处于社会主义初级阶段的这一实际出发，从我国正处在进一步改革开放，发展建立社会主义市场经济体制的进程的实际出发，从我国还存在着不同思想文化交锋、社会生活日益多样化的实际出发，从当前国际政治斗争风云变幻、社会主义面临挑战的实际出发，从全面建设社会主义现代化国家，提高全民族思想道德文化素质的实际出发，从人民群众的根本利益出发，从思想理论教育教学工作对象现实的思想实际出发，从当前思想理论教育教学工作部门自身状况和工作的实际出发，贴近社会的经济、政治、文化的主体生活，摸清高校学生的思想状况和特点，针对工作对象的客观实际和自身特点，正视和面对他们在思想理论上普遍关心或普遍感到困惑的问题，引导人民群众正确认识和分析这些问题，有针对性地开展思想政治理论教育教学工作。只有把主动灌输、启发探究与贴近现实的原则有机统一起来，高校思想政治理论课教育教学才能收到切实成效。

（四）知识传授、能力培养与立德树人相统一的原则

知识传授、能力培养与立德树人相统一的原则，是指思想政治理论课教学应结合知识的传授、能力的培养进行思想政治素质和道德品质教育。把育人为本作为教育工作的根本要求。要以学生为主体，以教师为主导，充分发挥学生的主动性，把促进学生健康成长作为学校一切工作的出发点和落脚点。高校要关心每个学生，促进学生发展，尊重教育规律和学生身心发展规律，为每个学生提供适合的教育；努力培养造就数以亿计的高素质劳动者、数以千万计的专门人才和一大批拔尖创新人才。

思想政治理论课教学是高校马克思主义理论和思想政治教育的主渠道与主阵地，但这并不意味着思想政治理论课教学只是育德教育，无须向学生传授知识和培养能力。思想政治理论课教学的育德功能，是在传授知识、培养能力的过程中逐步实现的。这种知识和能力也就是思想政治理论课教学所要培养的思想政治素质和道德品质，其中就直接蕴含着思想政治理论课教学所要发挥的育德功能。

当然，传授知识、培养能力是不能代替思想政治素质和道德品质的，即使是传授马克思主义理论知识和培养运用马克思主义理论的能力，也不能完全代替思想政治素质和道德品质的培养。思想政治理论课教学之所以强调坚持传授知识、培养能力与育德树人相统一的原则，就是要防止这种重知识传授和能力训练、忽视思想政治素质和品德素质培养的倾向。知识传授、能力培养与立德树人相统一的原则符合人的知识素质与能力素质以及思想品德素质之间相统一的关系。具体来说，知识传授、能力培养与立德树人相统一的关键在以下几点：

第一，知识素质与能力素质的辩证统一。一般来讲，知识是人类实践经验的总结和智慧的结晶；能力则是使知识得以形成、发展、推广、应用的本领。一个人的知识素质表明了他对前人的科研成果和他人间接经验认识的程度；而其能力素质则是指他本人掌握和运用的知识，进而拓展和创新知识的水平。两者相比较而言，能力比知识更为重要。没有能力，知识就无法实现其价值；离开能力，知识就失去了生命力，无法进行新陈代谢、推陈出新；缺乏能力，知识得不到应用和发展。同时，能力又是建立在知识基础之上的。缺乏知识基础的能力只是人的本能，或者只是原

始的、低层次的、经验型的能力。能力越向高层次发展，越需要有深厚的知识底蕴。因而，能力素质的培养和不断提高，必须要以知识的积累和不断更新为基础。只有知识不断地向能力转化，才能不断地加速素质发展过程中的质变和飞跃。因而，把传授知识与培养能力结合起来是符合科学规律的。

第二，知识素质、能力素质与思想品德素质之间的辩证统一。尽管一个人知识和能力素质的高低与其思想品德素质的高低并非成正比例的关系，但具有直接的关系。一个人的知识水平、文化修养不仅会直接影响其能力的发展，也会直接影响其思想品德素质的提高；同时，其学习研究能力、语言表达能力、实践应用能力也都会不同程度地影响其思想品德素质的提高。反过来，一个人的思想品德素质也会直接制约其知识和能力素质的提高。人的思想品德素质包括思想道德观念和行为作风，主要是指一个人的思想觉悟、政治取向、道德水准、工作态度、敬业精神、事业心、责任感等具体内容，其集中体现出一个人所具有的世界观和方法论。这对一个人的知识和能力的发展在方向上、观念上、方法上、速度上都具有控制、调节和制约作用。例如，在现实中人们常常看到，那些能自觉地以科学的世界观和方法论指导自己的学习与工作的人，那些能主动将马克思主义理论与对实际问题的解决相结合的人，那些能正确领悟和认真贯彻党的路线方针政策的人，那些有理想、有信念、有敬业精神、有工作责任感、能吃苦耐劳、干劲大的人，往往在知识素质和能力素质上方面提高得比别人快，取得的成就、作出的贡献比别人更大。总之，思想品德素质与知识素质、能力素质之间的辩证统一关系，说到底，就是人的思想道德素质与科学文化素质之间的辩证统一关系，是人的综合素质中不可或缺的两个方面。

（五）面向全体、因材施教、终身教育相结合的原则

面向全体、因材施教与终身教育相结合的原则，是对思想政治理论课教学正确处理整体性教育与局部性教育、普遍性教育与特殊性教育、连续性教育与阶段性教育关系的要求。

"面向全体"要求我国各高校都要开设思想政治理论课，向学生进行普遍的马克思主义理论和思想道德教育。思想政治理论课教学就要根据全体高校学生的共性特点提出带有一般性和普遍性的教学目的和要求，而不是专业课性质的教学。

"因材施教"要求思想政治理论课教学要针对不同专业、不同年级、不同层次、不同学历的高校学生的特点，实施不同的教学计划方案，在教学内容、学时上提出

不同的要求，并采取不同的教学形式和方法。"因材施教"还要求思想政治理论课教学既层次分明、循序渐进，又要注意阶段间的衔接和连续发展。

"面向全体"与"因材施教"相结合，符合共性与个性、普遍与特殊、统一性与多样性的对立统一规律，也符合德育的全民性、针对性要求。加强马克思主义理论和思想道德修养，是提高一个人文明素质的重要方面。我国古代有"自天子以至于庶人，一世皆以修身为本"的说法，在物质文明和精神文明高度发达的今天，对于文化层次普遍较高的高校学生，更应该将马克思主义理论和思想道德修养作为其普遍性要求。但是在普遍性要求具体落实的过程中，又必须具体问题具体分析，特殊矛盾特殊处理，不能不分层次、不分阶段，采取"齐步走""一刀切"。强调针对性教育是贯彻实事求是思想路线的表现。教育的针对性与全民性也是相互联系的统一体，没有针对性教育，就不能实现全民性教育；没有以全民性教育为基础，针对性教育也收不到实效。总之，不管是普遍性与特殊性的统一，还是教育的全民性与针对性的统一，都说明了面向全体与分层施教相结合的必要性与合理性。至于把二者再与继续教育相结合，则是从更为广义的角度扩展了普遍性与特殊性的统一、共性与个性的统一规律在思想政治理论课教学中的指导意义。

"终身教育"是指对已经从学校毕业的学生、成人和在职人员的教育。随着社会的发展和科学文化知识更新速度的加快，对人所受教育的要求也随之不断提高。人们只有不断接受教育，才能适应社会发展和自身发展的需要。因而，"终身教育"便有了愈来愈重要的价值和地位。正是为了适应和满足这种需求，才形成了目前高校继续教育的多种形式、不同层次和可观的规模。但是，社会发展不仅要求人们在文化知识上的更新，也需要人们在思想道德观念上的更新，要能在世界观、人生观、价值观上不断应对新的冲突和挑战，作出新的抉择。因此，"终身教育"既要进行科学文化教育，也要进行思想道德教育，其包括开设马克思主义理论课和思想品德课程。这说明在继续教育中实施思想政治理论课教学，与"面向全体"的要求是一致的。但是，由于"终身教育"的特殊性质以及它所包含的多种形式和层次，又需要在思想政治理论课教学的内容和形式上作特殊要求，这又与"分层施教"的要求是一致的。这就是思想政治理论课教学实行"面向全体""因材施教"与"终身教育"相结合原则的科学依据。

第三节 高校思想政治理论课教学方法改革的实践路径与具体策略

一、高校思想政治理论课教学方法改革的实践路径

（一）优化课程教学内容设计

首先，课程教学内容设计要尽可能贴近现实生活，观照学生实际，因为种种迹象表明，当代高校学生独立性较强，看待和解决问题时，有自己独特的见解。由于多数教师关注学生知识与能力的提升，只有少部分教师群体关注学生的心理健康问题，这些学生在进入大学校园后，由于内心敏感脆弱，加之自身心理承受能力较差，面对新环境、新问题，缺乏承受能力。因此，教学内容的设计要尊重高校学生的发展规律，联系他们的生活实际，关注高校学生的学业、心理，对其心理和情感进行疏导等。其次，思想政治理论课教学内容设计要密切联系社会现实，要走出教材、走出课堂、走出校园，将最新的时政素材和社会热点话题纳入理论教学中，了解专业学生的就业发展趋势，分析利弊，组织学生研讨，引发其情感共鸣。最后，在设计理论课教学内容时，要避免出现重复的现象，把握中小学时期思想政治课程教学内容之间的关联性、整体性和系统性，增加探究性、层次性、趣味性，提高理论的深度，可通过集体备课的形式，统筹优化教学内容，进行适当的分工，以免出现遗漏或者重复的内容，为理论课教学活动顺利实施奠定基础。

（二）建设思想政治教育课师资队伍

目前，影响高校思想政治理论课教学方法改革有效性的因素中，缺乏高素质的师资队伍是原因之一，从根本上说，教师的知识素养和执教能力关系到理论课教学的效果。要想加快推进思想政治理论课教学方法改革发展，高校应构建教学激励机制，主要是提高校领导及职能部门负责人创新服务意识，制定相关制度，鼓励在职教师进行国内外访学及参加社会实践活动等。根据教师的能力和表现，为其颁发荣

誉证书，给予其精神激励，增强教师的职业认同感。同时，可以定期要求教师参与申报评职称活动，关注教育部相关项目资助计划，将其纳入年末绩效考核中，并与教师荣誉制度相结合，激励教师不断优化和调整教法。高校也要完善教学效果评价机制，做好日常教学监督管理，及时总结和反馈教学成绩，作为考核项目之一，促使教师结合学生的具体学情，改进教学方式方法，增强思想政治理论课教学的实效性。另外，高校要组建一支专业的教师队伍，必须健全教学保障机制，由高校各部门协商，为教学体制改革建言献策，力求建设一支高素质的师资队伍。

二、高校思想政治理论课教学方法改革的具体方法

（一）讲授法

讲授法是教师运用语言向学生系统而连贯地传授科学文化知识的方法，又称口述法、系统讲授法等，它是课堂教学中最常用、最基本的教学方法。根据教学内容及其讲授方式的不同，讲授法可以分为讲述、讲解、讲读、讲演等方式。讲述是指教师用口头语言描述知识背景，叙述事实材料，适用于各种学科；讲解是为帮助学生了解背景知识、理解知识本质、掌握知识特征而对知识进行的说明、解释、分析或论证；讲读是进行语言教学和文章分析的方法，适合自学能力与研究能力较弱的学生；讲演适合于传授最新的学科发展知识，适合传授抽象程度高、内容复杂的知识。讲授法的优缺点有以下几个方面：

第一，传授知识容量大。讲授法可以有计划、有目的地借助各种教学手段在较短的时间内传授给学生较多的知识信息，教学效率相对较高。第二，教学成本低。讲授法主要靠教师对学生的口耳相传，基本不受教学条件的限制，省时省力，教学成本较低。第三，有利于教师对课堂的掌控。在讲授教学法中，教师是课堂的主导，教师分析、论证，生动形象地描绘，有利于发展学生的智力和对学生进行思想教育，能充分发挥教师的主导作用。第四，系统性强。教师通过系统地讲授知识，有利于解决大多数学生面临的疑难问题，还可以通过增加或删减其中的某些内容以适应教材或学生的变化。第五，适用范围极其广泛。不管是在现代化信息技术高度发达的城市学校，还是在偏远落后的山区学校，教师都可以利用现有的条件进行较为有效的讲授。讲授法还不受学科、年级的限制，适用于各层次、各年级、各学科的教学，

其他教学方法实际上都是在讲授的基础上或围绕讲授而结合进行的，并由讲授居主导地位。例如，演示法必须伴有讲授；实验法必须在教师讲授指导下进行；体验式的学习也需要有教师讲授和解说的基础等。因此，讲授技能是教师运用教学方法的基本功，也是提高课堂教学质量的重要手段。

当然，课堂讲授法也存在着许多缺点和不足：第一，讲授法不利于发挥学生的主动性。使用讲授法教学，教师占主导地位，教师对课堂有极强的控制力，学生很容易处于被动的地位。所以，教师与学生、学生与教材、学生与学生之间的交流极少，不利于发挥学生的学习积极性和主动性。第二，不利于学生的个性发展。由于教师运用讲授法教学，面向全体学生，较难照顾学生的个别差异。所以，这也不利于学生的个性发展和培养。第三，操作不当容易走向"灌输式教学"的误区。讲授法和灌输式教学有共同的地方，即教学过程都是教师讲，学生听。如果教师没能很好地把握讲授技巧，很容易造成机械性的讲授，久而久之，会导致学生丧失学习的主动性，依赖于教师传授，满足于简单记忆，最后步入注入式教学的误区。

（二）启发式教学法

启发式教学法，是教师根据教学要求和学生的实际，灵活运用各种教学原则，充分调动学生的学习积极性，启发学生积极思维，提倡学生自己动脑、动口、动手去获取知识，引导学生分析问题和解答问题。这是既能让学生理解知识又能开发其智力的一种教学方法。

启发式教学符合学校教学的目的要求和学生学习活动的规律。学校教学的目的是要通过教师的"传道、授业、解惑"，提高学生终身教育的能力，要求教师应"授人以渔"，而不只是"授人以鱼"。启发式教学，更能促进学生消化所学知识并使之向能力转化。能否激发出学生的学习潜能、培养学生独立自主地思考问题的能力、调动学生参与研讨、交流思想的积极主动性，是实施启发式教学的关键。

在思想政治理论课教学中，许多教师都很重视对学生的启发引导，对一些较为抽象的理论，往往采取由浅入深、环环相扣、层层深入的讲授方式，以便学生理解和接受。启发式教学法要求教师有扎实的理论功底和深厚的知识底蕴，对现实社会和高校学生思想特点有一定程度的了解和研究，有引导学生思维和驾驭课堂讨论的能力，有敏锐的感悟力、洞察力和较强的说服力，能与学生平等交流、坦诚相待。在实施启发式教学过程中，要明确教学的目的和要求，教学形式要和课程内容紧密统一；注意学生与环境的和谐互动，激发学生的求知欲；充分认识学生主体的不完备性，充分做好课前准备，及时总结经验。在问题的引导下要灵活运用各种教学原则，使用分析与综合、演绎与归纳的方法进行启发。启发的主要方法有直接启发、反面启发、观察启发、情境启发、判断启发、对比启发、扩散启发等。

（三）参与式教学法

参与式最初是英国的一套社会学理论，其目的是吸引受国际援助的当地人最大限度地参与到援助项目中，促进国际援助项目的发展。后来被引进教学领域，形成现在比较盛行的一种新型教学法。它对于充分调动学习者的积极性，培养学习者的创新精神起着重要作用。

参与式教学法的核心理念有三个：第一，突出学生的学习主体地位。参与式教学法强调学生要通过各种途径参与到教学活动中来，发挥学生作为学习的主体地位，实现"教"与"学"的互动，突出"学"的中心地位。体现了师生两个主体在"教"与"学"之间相互参与、相互激励、相互协调、相互促进的和谐关系，为学生内在潜力和创造力的激发提供了前提条件。第二，强调体验是最有效的学习手段。参与式教学法就是强调学生要亲自参与教学活动，不能满足于作为一个"看客"或"听客"，在参与中通过自身体验增长知识、提高能力和素质。第三，以学生的能力培养为核心。在参与式教学中，更侧重于知识的运用和学生能力的培养，而不仅仅是学生的知识增长。学生不再是被动接受知识的容器，而是一个知识的主动探索者。在参与过程中，学生收集资料、分析资料的能力，逻辑思维能力、写作能力、口头表达能力、独立思考能力等都将得到锻炼与提高。

在高校思想政治理论课中实施参与式教学法的过程中，通常使用的方法有分组讨论、主题讲演、案例分析、双向提问、观看录像带、创设情境、角色扮演、主题发言法、座谈、设问法、小组社会实践调查法、课堂诗词朗诵法等参与式教学法。思想政治理论课教师实施参与式教学法，要注意处理好以下问题：第一，教师"主导"地位与学生"主体"地位的关系问题。参与式教学过程中，教师应处于"主导"地位，学生应处于"主体"地位。第二，形式与效果的关系问题。进行参与式教学，要避免纯粹为了课堂热闹、学生高兴而盲目采取某些形式；也要避免虎头蛇尾，任务布置具体详细，完成之后草草收尾，要找好教学形式与教学内容的结合点。第三，要做好合理的设计。参与式教学法通过合理、活泼、多样化的教学活动的设计，不断激发高校学生学习过程中的主动性和积极性，使高校学生顺利产生符合教学需要的内在动力，强化学生的内在激励。

（四）探究式教学法

所谓探究式教学，就是以探究为主的教学，又叫"研究式教学"。这种以探究为主的教学，是在教师指导下学生对于知识的自我探究。"探究式教学"一词是在20世纪50年代由美国芝加哥大学的施瓦布教授在"教育现代化运动"中提出的。施瓦布认为学习科学"不在于占有的信息，而在于拥有的探究能力"，这需要强调学生的主体性地位，给予学生足够的自由。"如果要让一个学生一直保持对变化的科学的兴趣，那他需要发展自主学习的能力和兴趣。"施瓦布说："如果要学生学习科学的方法，那么有什么学习比通过积极地投入到探究的过程中去更好呢？"探究教学的内涵是指"教学过程是在教师的启发引导下，以学生独立自主学习和合作讨论为前提，以现行教材为基本探究内容，以学生周围世界和生活实际为背景和参照对象，为学生提供充分自由表达、质疑、探究、讨论问题的机会，让学生通过个人、小组、集体等各种解难释疑尝试活动，将自己所学知识应用于解决实际问题的一种教学形式"。

高校思想政治理论课探究式教学，就是学生在教师的引导下通过自己的探究成为有知识、有智慧、有能力、有素质、有社会责任感的人。因此，思想政治理论课教学探究式教学除具有可操作性、简约性、针对性及整体性等教学模式的一般特征外，更具有以下独有的特征：第一，探究式教学的问题性。探究式教学是以问题为导向的教学。问题是探究的基础和前提，探究是解决问题的手段和必经过程。因此，发现问题是起点，解决问题是终点，没有问题，也就没有探究式教学。学生在发现问题、解决问题的过程中，通过调查、收集、制作、观察等方法得出结论，从而得到了问题解决过程的要点和方法，不断获得新的顿悟和理解，学生将终身受用，同时这也应该是培养创新人才的本质目的所在。第二，探究式教学的自主性。自主性是探究式教学的主要标志。学生在教师的指导下，根据自己的学习和社会生活自主地选择合作伙伴，自由选择如何搜集、查询资料，通过自己的研究方法进行研究，从而获取知识，得到自己想要的结果。第三，探究式教学的平等性。探究教学是提出问题的过程，是解决问题的过程，是科学探索的过程。因此，需要强烈的科学精神和平等意识。

现阶段对探究式教学模式概括为"三段五步",即将整个探究式教学过程分成了三个大的阶段:设疑、质疑、释疑。根据教学内容的不同,应采用具体的适应实际环境的探究式教学方法,但基本可将具体步骤概括为以下五步:创设问题情境—提出问题—主动探究—师生合作解疑—反思。首先由教师创设问题情境,其次提供开放的环境供师生共同探讨提出问题,再次围绕问题在教师的指导帮助下由学生进行自主探究,在探究中产生的疑问由师生合作解答,最后进行反思总结。高校思想政治理论课探究式教学模式需要通过具体的教学实施策略来体现。有效地实施探究式教学需要教师处理好四个方面的工作,即确立探究主题、提出探究问题、引导探究过程和评价探究活动。要做好探究教学的这几项工作,教师就需要讲究一定的策略。

(五)专题式教学法

专题式教学法是指教师改变按章按节进行授课的习惯,立足于实际,从学生的思想实际和社会的现实问题去提炼与确立教学专题进行讲授。这种方法融多种功用于一身,即系统传授马克思主义理论与思想政治理论,透析社会热点、难点问题,介绍前沿成果,传播社会信息,弘扬社会主义主旋律,帮助学生答疑解惑并促使其引发深入思考,从而提高学生理解、认识、分析问题的能力。它能够较好地协调马克思主义理论体系与"公共理论课"教材结构之间的关系,既有对学生进行理论灌输的强制性,又使这种强制性在潜移默化中进行。这一方法以社会实际、学生思想实际为切入点,紧紧把握时代脉搏,每一个专题都是现实社会一个侧面的浓缩。这种教学方法的主要特点:"深""实""活"。"深"即要求教师专题讲授内容所涉及的知识领域要广,理论层次要深,传输给学生的理论信息要及时。"实"就是教师在结合社会实际、学生思想实际、教材结构实际的基础上选题,以能够帮助学生解决思想上急需解决的问题和提高教学效果为宗旨。"活"即一方面指教师选题一定要动态地适时调整,保证选题的新颖;另一方面指教师课堂教学组织方式比较灵活多样,目的就是达到专题式教学的预想效果。这种教学方法的优点是问题集中,重点突出,抓住学生中存在的热点、难点问题进行深入和透彻的分析;围绕一个主题在理论与实践两方面扩展,知识量、信息量大,感染力强;改变照本宣科的讲授方式,课堂气氛活跃。

（六）案例教学法

案例教学法，又称情景教学法、情景仿真法，它是为了达到一定的教学目的，学生在教师的引导下围绕着教师所提供的案例进行阅读、分析、评判和讨论，得出结论或解决问题的方案，深化对相关原理的认知和对科学知识的系统掌握，进而渐渐归纳并总结出一个适合个人特点的有效的思维路线和思维逻辑，获得处理新问题和解决新矛盾的针对性综合技巧的一种教学方法。

高校思想政治理论课教育教学中采用案例教学法，能促使思想政治理论课教学更多地关注现实社会和生活实际，避免脱离实际的本本主义；能加强师生间的双向交流，有针对性地解决学生的思想问题，教学形式灵活，便于学生参与，避免了那种传统的单向式的、照本宣科式的教学模式。

高校思想政治理论课案例教学的操作模式是一个具有内在逻辑性的理论体系，包括教学内容的提炼，教学案例的选编，思考讨论题目的设计，教学案例的呈现、课堂讨论的组织、点评和总结，案例分析报告的撰写，课后教学反思等逐次递进、环环相扣的一系列教学环节。由于思想政治理论课课程性质的特性，在具体运用和组织实施案例的教学过程中，其操作模式也可以应当多样化，既可以从阐述原理开始，在原理阐述过程中，通过分析具体实例对原理加以论证说明，引导学生学以致用；也可以从列举具体实例出发，经过引导学生分析案例，启发学生思考，把接下来所要讲授的内容引出来，推导出要阐明的理论原理。不同课程和教材的章节内容、不同授课阶段可采用不同的操作方式，由任课教师根据教学主题灵活掌握。但如果过分追求操作模式的规范性和程序化，只能是事倍功半。

（七）实践教学法

党和政府历来高度重视实践育人工作。在高校思想政治理论课实践环节的教育教学中，实践教学、军事训练、社会实践活动是实践育人的三种主要形式。第一，要强化实践教学环节。实践教学是学校教学工作的重要组成部分，是深化课堂教学的重要环节，是学生获取、掌握知识的重要途径。思想政治理论课的所有课程都要加强实践环节。要把实践育人纳入学校教学计划之中，系统设计实践育人教育教学体系，加强实践教学管理，提高实验、实习、实践和毕业设计（论文）质量。确保实践育人工作的全面开展，要深化实践教学方法改革，重点推行基于问题、基于项目、基于案例的教学方法和学习方法,加强综合性实践科目设计和应用,加强高校学生创新创业教育。第二,要认真组织军事训练。通过开展军事训练和国际形势教育、国防教育,学生掌握基本军事技能和军事理论,增强国防观念、国家安全意识,弘扬爱国主义、集体主义和革命英雄主义精神,培养艰苦奋斗、吃苦耐劳的作风。第三,要系统开展社会实践活动。社会实践活动是实践育人的有效载体。社会实践活动的形式主要有社会调查、生产劳动、志愿服务、公益活动、科技发明和勤工助学等。要倡导和支持学生参加生产劳动、志愿服务和公益活动,鼓励学生在完成学业的同时参加勤工助学,支持学生开展科技发明活动。要抓住重大活动、重大事件、重要节庆日等契机和暑假、寒假时段,紧密围绕一个主题、集中一个时段,广泛开展特色鲜明的主题实践活动。

(八)多媒体教学法

多媒体教学法是以多媒体计算机、多媒体制作软件、投影仪和音响为主体教学工具,在教学过程中通过教学设计,运用多媒体计算机处理文本、图形、动画、视频和音频等多种教学信息,把教学内容有机整合起来的一种现代化教育方法。把现代科技手段运用于思想品德课教学中,是当前高校思想政治理论课教学方式、方法改革的新途径,是思想教育主动适应社会发展需要、迎接信息时代挑战的重要措施之一。

多媒体教学方法具有其他教学方法无法替代的优势和特点:第一,多媒体教学手段利用多媒体影像客观真实的特点,拓展教学空间,丰富教学内容,扩大知识领域。多媒体教学可以最大限度地调动尽可能多的有用资源,利用视、听、读、写等功能可补充教材中没有的资料信息,把最新的科研成果引入教学过程。第二,它能调动和培养学生的学习兴趣。多媒体教学手段利用课件的直观性特点,使一些传统教学手段下很难表达的、教学内容或无法观察到的现象通过计算机更形象、生动、直观地显示出来,从而加深学生对问题的理解,提高其学习积极性。第三,多媒体教学手段利用信息传递高效的特点,大大增加了课堂信息量,提高了课堂教学效率,更好地实现了德育知识和信息的即时同步。在网络时代,德育教学知识、资料信息与时代脉搏同步,从而能有效地克服教学内容、资料信息滞后的现象。第四,它能增加师生交流的机会,有利于师生的互动及主体作用的发挥。把网络及多媒体技术直接引入德育课堂教学,德育教学过程的即时交互或网络化教学新模式,这不仅可以实现师生之间知识、资料和信息的双向交流与互动，从而有效地克服在以往德育教学过程中，以教师、课堂为中心的灌输式、简单说教式教学方法的弊端。它能通过网络拉近学生与社会现实的距离，使学生更好地关注社会，增强社会责任感，提升学生解决实际问题的能力。多媒体教学和网络教学形式的出现，向传统的教学手段、教学方法提出了挑战。

教学方式的更新迫切需要教学观念的更新。现在，计算机技术被应用于理论课的课堂教学，这对每一个教师都提出了新的要求。它要求理论课教师不仅要掌握一定的计算机操作技术，而且必须更新教学观念，即必须改变过去传统的教学方式在头脑中形成的思维定式，以适应教学方式转变的要求。教学方式的更新也迫切要求教师素质的全面提高。计算机多媒体技术在教学中的应用，向广大"两课"教师提出了新的要求。它要求"两课"教师必须进一步提高自己的科学文化素质，尽快学会运用和掌握现代化的教学手段，了解、掌握计算机的操作技术和多媒体的特点，并在教学和科研中加以实际运用。

（九）思想政治理论课教学的心理学方法

高校思想政治理论课教学的心理学方法是心理学的理论和方法在思想政治理论课教学中的运用。高校思想政治理论课教育教学作为对高校学生进行德育的教学活动，与高校学生心理活动关系密切，自然也有应用心理学理论和方法的客观需求。

在高校思想政治理论课教育教学活动中，教师与学生总是在进行着有意识或无意识的心理互动和思想交流。双方在心理互动和思想交流的过程中，自然会显现出已经存在的各种心理问题。由于思想政治理论课教学对象是整个高校学生群体，这是一个正处于身心发展重要时期的特殊群体，在心理上正处于由不成熟逐步走向成熟的发展阶段。高校学生心理发展尚未达到成熟和稳定，心理承受能力和调适能力还比较弱，而其成才愿望又普遍强烈，自我定位往往偏高，当其面对现代社会不断增多的各种压力时，就很容易产生心理困惑和情绪困扰，甚至引发心理障碍。因此，在现代社会里，高校学生的心理问题也日益突出。同时，作为高校思想政治理论课教育教学任务承担者，教师的思想观念、心理特征、情感情绪、知识能力以及人格品质也都会在思想政治理论课教学中比较直接地表现出来，并且会直接影响到高校思想政治理论课教育教学的效果和学生的学习状况。因此，在高校思想政治理论课教育教学中运用心理学的方法，就显得更为重要、更有价值。

在高校思想政治理论课教育教学中，学生表现得比较突出的心理问题主要有以下两种：第一，厌学心理，第二，逆反心理。教师所表现出的比较有代表性的心理问题，主要是以下两方面：第一，在教学方面存在重知识传授、轻品德培养的心理。第二，在科研方面存在重学术价值、轻教育价值的心理。要解决教师和学生的心理误区，都需要遵从心理活动规律，提高对思想政治理论课重要性的认识，采取丰富多彩的教学手段，充分调动师生双方对"两课"教学的积极性，增强"两课"教学的效果。

（十）思想政治理论课教学的艺术化方法

在高校思想政治理论课教育教学活动中，教师除了要改进教学方法，提高教学基本技能外，还必须掌握教学艺术。教学艺术一般是指教师富有创造性地运用多种方法和手段唤起学生学习兴趣，使学生愉快、主动地获得知识，并留下深刻印象的教学方式。教学艺术具有个别性、创造性、审美性等特征。教学艺术具有陶冶功能、激励功能等显著的功能。

根据高校思想政治理论课教育教学的内容、目的和教育对象思想发展的规律，紧密结合群众的思想实际和社会生活的实际，运用富有创造性的方式方法，切实加强思想理论教育教学的效果，它是思想政治理论课教育教学改革的必然要求。思想政治理论课教育教学艺术是指在进行思想理论教育教学过程中，运用艺术化的方法，使内容和形式更加统一和谐，更具感染力和实效性。提高思想政治理论课教学的艺术性要做到以下几点：

首先，艺术的感染力必须以真理的感召力为基础。马克思说过："理论只要彻底，就能说服人。所谓彻底，就是抓住事物的根本。"马克思深刻地揭示了只有抓住事物本质的真理性认识，才能说服群众、发展群众，才能变成群众社会实践的巨大物质力量的真理。其次，艺术最本质的东西是以情感人。思想政治理论课教师要以自身的思想道德素质和人格魅力，激励和感染高校学生，以对学生和对教育事业的真挚的爱，教育和打动学生。最后，掌握和运用生动的教学艺术形式，用备课艺术、组织教学艺术、教学语言艺术、教学非语言艺术、板书的艺术等各种幽默诙谐和富于趣味性的方式，增强高校思想政治理论课教育教学的生动性和感染力。

在高校思想政治理论课教学方法体系中，除了探讨的课堂讲授法、启发式教学法、参与式教学法、探究式教学法、专题式教学法、案例教学法、实践教学法、多媒体教学法、心理学方法和艺术化的方法等十种有代表性的方法外,还包括课堂讨论法、教学录像演示法、"学导式"教学法、系列教学法、尝试教学法、发现教学法、情境教学法、程序教学法等一系列行之有效的教学方法。它们彼此之间相互联系、相互补充、相互贯通、相辅相成,共同构成了高校思想政治理论课教育教学的方法论的宏大体系。在这个方法论体系中,共分为四个层次:课堂讲授法是第一层次,它是古今中外教学活动中最常用的教学方法,也是高校思想政治理论课教育教学最基本的教学方法,是整个高校思想政治理论课教学方法体系的基石。课堂讲授法侧重于教师的主导作用。第二层次包括启发式教学法、参与式教学法、探究式教学法。它们都强调和重视学生的主体地位,为学生提供充分自由表达、质疑、探究、讨论问题的机会。启发式教学法重视对学生的启发引导,参与式教学法的核心是学生的学习主体地位,而自主性是探究式教学的主要标志。这一层次侧重于学生的主体作用。专题式教学法、案例教学法和实践教学法属于第三层次。专题式教学法围绕一个教学主题,就学生关注的热点问题,在理论与实践两方面进行专题讲授。案例教学法通过代表性的典型事件,提高学生分析问题、解决问题的能力。它们三者都侧重于教师的主导作用和学生的主体作用的有机统一。第四层次包括多媒体教学法、心理学方法和艺术化方法等,它们是高校思想政治理论课教学方法体系中必不可少的教学手段和教学方法。许多教师在教学实践中,大胆进行教学方法改革的探索,将上述诸多教学方法加以灵活运用,相互借鉴,取长补短,构建了一套灵活多变、丰富多彩、形式多样的高校思想政治理论课教学方法体系。

参考文献

[1]郭宁月,郝会欣.现代化进程中高校思想政治教育教学的创新与实践[J].食品研究与开发,2022,43(04):225-226.

[2]孙少威.高校思想政治教育教学现状和对策——评《高校思想政治理论课教学案例导读》[J].中国油脂,2022,47(01):164-165.

[3]赵晓春.互联网时代高校思政课翻转课堂的理论与实践[M].南京:南京师范大学出版社,2020.

[4]张天乐,李盛基.我国高校思想政治教育教学方法的创新研究[J].湖北开放职业学院学报,2020,33(20):11-12.

[5]朱移山.新时代高校思政课教师的追求与探索[M].合肥:合肥工业大学出版社,2019.

[6]尚明瑞.高校思想政治教育集成创新研究[D].兰州:兰州大学,2021.

[7]王茜.高校思想政治理论课教学中情感教育渗透研究[D].武汉:湖北大学,2020.

[8]朱洪斌.以实践为指导的高校思想政治教育教学创新研究[J].食品研究与开发,2021,42(24):243.

[9]郭世华.新时期高校思政教学新面貌[M].昆明:云南科技出版社,2020.

[10]张静,唐添慧.新媒体环境下高校思想政治教育教学路径探析[J].教育观察,2021,10(29):32-34+41.

[11]张泾泾.体验式教学理念融入高校思想政治教育的策略研究[D].上海:华东政法大学,2020.

[12]林永明.高校思想政治教育理论与实践相结合的教学设计探索[J].食品研究与开发,2021,42(24):239.

[13]杨琪,陈涛.高校思想政治教育与学科教学的融合研究[J].品位·经典,2021(13):92-94.

[14]郭彬．新时代高校思政课实践教学改革研究[M]．北京：中国民族文化出版社，2020．

[15]孔凡庆．素质教育背景下的高校思想政治教育教学探索[J]．产业与科技论坛，2021，20(14)：110-111．

[16]王燕子．高校思想政治理论课教育教学亲和力研究[D]．西安：西安建筑科技大学，2019．

[17]许霞．高校思政教育教学时效性研究[M]．西安：陕西旅游出版社，2020．

[18]高晓飞．基于慕课的高校思想政治教育理论课教学模式构建[J]．中学政治教学参考，2021(25)：84．

[19]李英华：实践教学管理模式的创新对于高校思想政治教育的影响[J]．食品研究与开发，2020，41(24)：287．

[20]郑画声．高校思想政治理论课教学中的媒介素养教育研究[D]．北京：北京理工大学，2018．

[21]李亚男．高校艺术思政课教学理论与实践研究[M]．徐州：中国矿业大学出版社，2019．

[22]武文斌．情感教育心理学在高校思想政治教育教学中的运用研究[J]．江西电力职业技术学院学报，2021，34(04)：91-92+95．

[23]王玉婷．新时代立德树人视域下高校思想政治教育教学[J]．大陆桥视野，2021(04)：113-114．

[24]李星桂子．高校思想政治教育亲和力研究[D]．西安：西安电子科技大学，2020．

[25]孔帅．高校思想政治教育"混合式"教学模式创新研究[J]．公关世界，2021(07)：91-92．

[26]田胜．高校思政课教学研究[M]．郑州：郑州大学出版社，2017．

[27]王雪．高校思想政治"一课三融"教育教学现状及创新策略[J]．佳木斯大学社会科学学报，2021，39(02)：200-202+207．

[28]万莉莉．新时代下的高校思想政治教育教学创新[J]．食品研究与开发，2020，41(19)：245-246．

[29]苏战涛．基于产教融合的高校思想政治教育教学实践[J]．食品研究与开发，2020，41(19)：238．

[30]汪广荣.新时代高校思政课STEMP教学设计模式探究[M].厦门:厦门大学出版社,2021.

[31]张春红.探索"互联网+思政教育"新路径提升高校思想政治教育教学实效性[J].江西电力职业技术学院学报,2021,34(03):64-65.

[32]李淼.高校思想政治教育借助网络大数据创新教学研究[J].农家参谋,2020(19):292-293.

[33]马文君.微传播时代高校思政教育问题研究[M].沈阳:辽海出版社,2018.

[34]高安琦.国家治理现代化视域下思想政治教育价值及实现研究[D].延吉:延边大学,2021.

[35]董培辉.高校思想政治教育实践教学的透视与反思[J].吉林工程技术师范学院学报,2020,36(05):8-10.

[36]李薇,孙金旭,郑根峰,等.基于SPSS调查统计分析法创新高校思想政治教育教学[J].现代农村科技,2021(02):97-98.

[37]张云龙,梁珊.新时代高校思想政治教育实践教学证成的三重逻辑[J].湖北社会科学,2021(01):163-168.